放掉頭腦吧！

你就是你的念頭——跳出惡念，奪回你每一個念頭！

GET OUT OF YOUR HEAD

Stopping The Spiral Of Toxic Thoughts

珍妮・艾倫 JENNIE ALLEN

江信慧 翻譯

各界好評推薦

各種念頭轉來轉去，有時會轉到失控；想要改善這種狀況的人，本書提供了必不可少的對策。《放掉頭腦吧！》有助於我們做到這一點，是所有人都需要的書。我們很容易把心思放在爛地方——念念不忘、改寫記憶，還奢望這樣子事情就會有所不同。但是記掛著過不去的事只會加重空虛感。珍妮讓我們看到憑藉自己的信仰、即刻行動便可戰勝不健康的念頭，這一點我很喜歡。——賴莎．泰克斯特（Lysa Ter Keurst），《紐約時報》暢銷書作家兼「箴言31章事工會」（Proverbs 31 Ministries）主席

我從個人經驗中得知，我們的念頭要劫持自己的信仰有多容易，要把自己丟進負面漩渦裡有多容易。《放掉頭腦吧！》讓您有實用的《聖經》為配備工具，以掌握自己的想法，不受念頭控制。——克莉斯汀．凱恩（Christine Caine），暢銷書作家兼「A21」和「激勵女人」（Propel Women）創辦人

我的妻子海瑟（Heather）和我都讀過本書，並從中大大獲益。《放掉頭腦吧！》裡面滿滿都是神的話語中所蘊含的真理與洞見，還有珍妮本人誠實地坦承缺失，以及給大

家的務實智慧和鼓勵。我祈禱並相信神會用此書來守護你在基督裡的心與意念。——大衛・普拉特（David Platt），麥克萊恩《聖經》教會（McLean Bible Church）的牧師，暢銷書《有件事需要改變》（Something Needs to Change）作者

有時候，唯一會阻撓我們個人和靈性成長的正是我們自己的思考。珍妮・艾倫（Jennie Allen）的新書給了我們大家希望，並示範如何處理那些令人窒息和麻木的負面念頭。我們每天都需要這樣的提醒，要如何奪回每一個念頭，並臣服於唯一能放我們自由的「那一位」。本書是個美好的提醒，讓我們知道神也在我們一團亂的心意裡作工。神在示意我們要放掉頭腦，要練習每日與祂同在，安心自若。——拉塔莎・莫里森（Latasha Morrison），《成為一座橋》作者和創辦人

妳的人生能否取勝，取決於妳兩耳之間的戰爭。我可以見證珍妮・艾倫如何親自為我，以及為全球不同世代的女性而戰，所以她是最佳的信仰鬥士、文字戰士與捍衛靈魂的勇士。珍妮・艾倫讓她自己成為妳的個人教練，以聖火的光照亮這些務實且具轉化力量的文字。她讓妳看到如何減輕焦慮、取回心理上的主導權，並為王國光復更多領土。拿出螢光筆，準備好取得勝利吧。妳即將放掉頭腦，到達妳一心嚮往之地。——安・沃斯坎普（Ann Voskamp），《紐約時報》暢銷書《崎嶇之路與一千個禮物》作者

妳知道有一種書是可以買個二十本，然後一定要送出去的嗎？對，本書就是那種書。好讀。強大。預言。必備。——傑佛遜．貝克（Jefferson Bethke）《紐約時報》暢銷書《耶穌大於宗教》作者

看到珍妮．艾倫最新出版的書名《放掉頭腦吧！》，有人可能會隨意認定她寫的是時下流行心理學「凡事只要正面思考，保妳沒事」那種的書。若是如此，那他們可就假設錯誤了。本書實實在在、追根究底，如實讓讀者了解《聖經》、神學、科學，靈修、心理健康以及最終關於「追隨耶穌」的真理。珍妮本著誠實和坦承弱點的態度，把自己告解與掙扎的過程分享出來，我真的相信她寫的這本書會挑戰讀者，也會給予他們祝福與力量。——尊敬的尤金．丘（Rev. Eugene Cho）「一日工資」（One Day's Wages）創辦人，《汝不應做混球》作者

珍妮．艾倫對這一世代強烈喊話，教導大家用簡單的方法，不讓侷限成為妳人生的唯一亮點。耶穌大於我們。祂的願望是要我們放掉頭腦，要為祂的榮耀而活出深刻自由的人生。——雪莉．吉格里奧（Shelley Giglio）「熱情聯盟及熱情城市教會」共同創辦人

我很高興珍妮解決了我們許多人都面臨的難題。更新我們的心意對於和神一起渡過豐盛的人生至關重要。本書包含明確的行動項目，幫助妳放掉頭腦，繼續自由行走的旅

程。——莉貝卡・萊恩（Rebekah Lyons），《更新的節奏》作者

這個信息來得多麼及時啊！在《放掉頭腦吧！》這本書裡，我的良師益友珍妮・艾倫表現出色，她牽著你的手，帶著你到你心意中那些需要療癒之處，並騰出空間讓耶穌來打破枷鎖。我推薦這本書給所有人——特別是我們這一世代！——沙迪・羅伯遜（Sadie Robertson）《紐約時報》暢銷書作家、演說家和「原生」（Live Original）創辦人

多年來，珍妮・艾倫一直是我生命中很信賴的人。她有智慧、親切，她對耶穌的愛充滿著一種罕見且具感染力的熱情。她對世人的愛以及處理棘手問題的方式也是令人敬畏的。你將發現她這些文字裡滿載著愛與真理。本書不僅會改變你的思考方式；它也將改變你的生活方式。——鮑勃・高夫（Bob Goff），《紐約時報》暢銷書作者（Love Does & Everybody, Always）

獻給那位總讓我放掉頭腦的人。

澤克・艾倫（Zac Allen），你不斷把我從「自我」中解救出來，
你總是指引我走向耶穌。
我愛你，我也喜歡你。

只要心意更新而變化。

——羅馬書 12：2

「意思是，凡事皆有可能。」

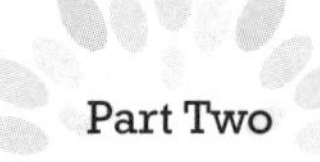

Part One

All the Thoughts

有關念頭之種種

1 想一想思考這回事

奪回每一個念頭

有人說作家寫書的原因有二：他要不是該主題的專家，就是對該主題熱衷到願意花上幾年的時間去找答案。我絕對是屬於後者那種。

今天我一早醒來就想要寫信給妳。*但首先，我想到，我需要花點時間與神同在。*所以我做了什麼事呢？我拿起了手機。我注意到有一封電子郵件與我正在書寫的內容有關，發信人「很有建設性地」指教了我的作品。就在我決定放下手機時，又有一件事引起了我的注意……等到我回過神時，我已經在「圖享」（IG, Instagram）上了，邊關注著別人的勝利與榮耀，邊覺得自己正在做的事相較之下，顯得跟不上人家。看了手機才幾分鐘，我就認定自己是個失格的作家，因為我只是個小小咖，沒什麼可誇的，所以一生的追求都只是芝麻點大的事。我迅速墜入鬱卒的漩渦。

然後我丈夫澤克（Zac）走進來，他才剛與神會面，心情愉快，我卻突然兇他。然後我的漩渦愈轉愈快，也更混亂。不到一個小時的時間裡，我把自己貶得一文不值，批評自己所有的工作，還決定辭去事工，不管神了，也把身邊這位最擁護我的朋友推得遠遠的。

哇嗚。好厲害呀，珍妮。是只有今天早上而已吧？那妳現在還想幫我整理我那堆雜亂的念頭啊？

好啦，我聽見妳說的了。我猜啊，我這一生都會處在這種過程裡。不過，我也因此發現了要在本書與妳分享的許多方法，而不是讓這漩渦偷走我的一天、一週、數年……我只是在漩渦裡待個一小時吧，後來，我就轉換了念頭。

我並沒有繼續氣餒，失去動力。現在的我自由而歡喜，正在寫信給妳。

我想要讓妳知道，妳其實可以不必一直卡關。神已經為我們打造好一條跳出「向下漩渦」的路。可是這條路我們很少走。我們都信了謊言，覺得自己都是被念頭所害，是受害者而不是戰士，不是站在我們這世代最偉大的戰役——心意之戰——的最前線、蓄勢待發的戰士。

使徒保羅（Paul）很清楚在無數念頭之間所發生的戰爭，也知道我們的境遇和想像力會成為暗中損害信仰和希望的武器。《聖經》記錄了他大膽的宣言：「又將人所有的心意奪回，使他都順服基督。」[1]

要奪回每一個念頭嗎？可能嗎？妳試過嗎？

有一次，一隻鳥兒飛進了我們的小屋，卻不願飛出去。我們全家人一起出動，花了一個多小時才捉住那隻糊塗的小麻雀。用ＢＢ槍射擊？那簡單。但是要活捉這隻在我們屋裡到處飛竄的野生麻雀又是完全不同的任務，幾乎不可能做到。

要拿下一個自由馳騁的念頭應該是更加不可能的吧？然而，我以生命完成的這本書在叫我去奪回我所有的念頭，而且是每一個？

神是認真的嗎？

這哪有可能？因為說實話，我的念頭還比那隻過動的麻雀更無法無天呢。

而妳的念頭也是這樣的。我在妳的，還有幾乎每一個我所見過的女人的雙眼中，都看到了同樣的失控狂亂。就像本週坐在我對面那位痛苦不堪的年輕女子一樣，她對抗焦慮已經兩年了，卻仍身陷其中。她看著我，懇求道：「救我。告訴我該怎麼做！」

「我不想要活得這麼焦慮，」她說。「我有在做諮商。我有參加《聖經》研究班。我願意吃藥。我想信神。為什麼我改不了？為什麼我會一直在這裡卡關？」

天哪，我有同感，而且我也一直在對抗著相同的東西。

真不敢相信啊，妳想想：我們看不到的東西怎能這麼大程度地決定了我們是誰，怎能決定了我們的感受、我們要做的事、我們要說或不說什麼？怎能支配我們的動作或睡眠？怎能知道我們想要什麼、討厭什麼、喜愛什麼？

把所有這些念頭收藏起來的地方（就是一堆有皺褶的腦組織），怎能容納這麼多「讓我們成為我們是誰」的念頭？

學習奪回自己的念頭非常重要。**因為思考方式會形塑出人生樣貌。**[2]

讓我們一直卡關的模式

自從我聰明的女兒開始教我大腦科學的知識後，許多年來我對神經科學這個主題就一直很著迷。凱特（Kate）現在是高一生了，她讀七年級時，某日下午放學回家後對我們（她的兩個兄弟、妹妹、爸爸澤克和我）宣布說她有一天會找出治好阿茲海默症的方法。

我們一聽都笑了，但多年後，她仍然持續閱讀該主題的書籍和文章，也聽遍每一場有關大腦的 TED 演講，並與我分享她的研究。譬如，她會說……

「妳知道嗎，關於人類心靈，過去二十年所發現的東西要比那之前的全部多更多？

妳知道嗎，據估計，基層醫師的門診有百分之六十到八十都與壓力因素有關？[3]

妳知道嗎，研究顯示『有百分之七十五至九十八的心理、身體和行為病症均起因於人類平常的念頭』[4]？

妳知道嗎，就我們今天所知道的大腦而言，當《聖經》提到『心』時，實際上講的可能是我們在大腦中所感受到的念頭和情緒？」

「嗯，不知道耶，凱特，我不知道。但是，非常有趣。」

事實上，我到現在還是覺得這些東西真的很有趣。

這一路上走著走著，我跟著凱特也入迷了。因為她教我說，在我的《聖經》中處處都是她所學習的科學知識，而且《聖經》中關於我們日常念頭的許多道理也都有科學證實。當我漸漸相信掌握自己的心意可能就是一個關鍵點，能讓我們在生活中找到平靜，這一切對我而言就變得愈來愈重要。

好幾年來，我一直在深耕我所創辦的這個組織「意福：聚會」（IF:Gathering），我相信是神督促著我去訓練女性，也讓她們有能力去訓練其他人。我愛我們的團體、我們的聚會，以及我們正在發揮的影響力，但是一段時間下來，我注意到在這些我所愛、所服務著的女性之中有個令人擔憂的趨勢。

她們會在參加某次活動，或在接受我們的訓練課程時覺得自己具備了堅定的信念，甚至可以把生命更完整地獻給耶穌。她們會揮舞著決心的翅膀，翱翔個一星期、一個月，有些會維持個一年，甚或兩年。但無可避免地，她們都會重回到舊習慣、舊生活的行為模式裡。妳完全知道我在說什麼吧。

或許妳現在想，終於結束了一段有害的感情，但是緊接著，覺得脆弱時，妳又重回這段關係。

或許妳終於心平氣和接受了人生中一個差強人意的時節；可是後來情緒又捲進向下漩渦，而妳就只能抱怨。

或許妳因色癮，深感有罪，決定不再犯了，但幾週後卻又故態復萌。

或許妳察覺到自己會批評枕邊人，也想改掉這種模式，開始真正去改變……繞了一大圈後卻又回到原點。

我覺得很奇怪，為什麼這麼多女人拚命想要改變，卻沒能長久地堅持下去？

而我，為什麼我多年來一直努力要克服恐懼、負面模式和其他罪行，但到後來我還是多少受困其中？

我觀察到這種反效果，廣泛來說人人都有，而同時我也和朋友們保持著密切聯繫，我和她們都很熟，大家好像也是年復一年地在解決相同的問題。每次聚會時，我就會聽到同一首歌，第五百節詩，老調重彈。

是什麼讓她們豐盛不起來？她們為什麼過不了關？凱特持續研究大腦後的許多發現，都指向一個很高的可能性：

都是頭腦害的。

平息漩渦

我們不了解大腦的地方很多。但是，就像凱特說的：過去二十年我們對大腦的了解，比起之前的兩千年已經多很多了，這點倒也是真的。我們曾經以為「心意」是不會變動的。妳生來就有的大腦以及它運作——或不運作——的方式，都只是因為「它就是這樣」；所以，為無法改變的事情煩惱是沒有意義的。但現在我們知道了，**不管我們要不要，大腦就是在不斷地改變中**。

我希望找出女性如何擺脫自己問題的模式，於是開始翻閱許多燒腦的書，內容都是關於心意、神經科學以及如何帶來真正的改變。我看了凱特叫我去看的 TED 演講，當中有提到大腦的可塑性。

我聽了大腦的播客。

我看了大腦的紀錄片。

我對大腦發達的人說話。

我開始在我們許多人身上看到一種運作模式。情緒讓我們產生念頭，念頭支配我們的決定，決定導致行為，然後行為塑造了人際關係，所有這些因素都會帶我們重回健康或不健康的念頭之上。

我們就這樣在其間反覆繞圈子、情緒漩渦往下轉、看起來失控了，我們的人生就要被這種無止盡的循環給限定了。

鬱卒。

除非。除非有什麼方法可以打破這種循環。

我們有多少人正在窮盡心力去對話、諮商和祈禱，努力要轉移內心最深處的那個——情緒——卻沒有成功？

如果妳覺得難過，我叫妳別難過了，這樣會有幫助嗎？

如果我們不是把力氣花在對付症狀上，而是深入到問題的根源，深入到要比啟動這種情緒循環還要更深的根源，那會怎樣？事實上，情緒是某種東西的副產物。

情緒是思考方式的副產物。

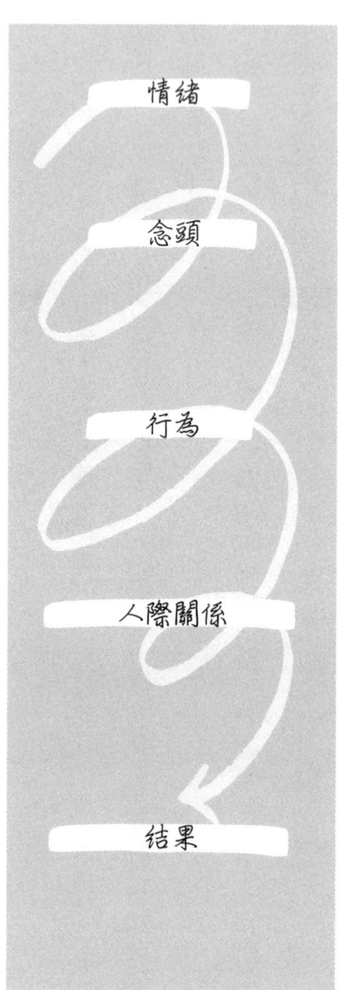

好消息是我們可以改變思考方式。這是《聖經》告訴我們的。有一節經文說：「不要效法這個世界，只要心意更新而變化。」[5]

我對大腦內部運作的深入研究證實了《聖經》所言：我們可以奪回每一個念頭。不僅僅是我們的念頭可以被改變，而且我們自己就可以是那個改變念頭的人。

問題是，我們搭上了這輛漩渦列車，還常常都不知道自己的念頭最終會帶自己去向何方。著名的清教徒神學家約翰・歐文（John Owen）曾說在每一項罪裡，敵人的目標就是置妳於死地。他實際用的字眼是「消滅罪，否則罪會消滅妳。」[6] 我們起身而戰的時候到了。

每個人每天平均產生三萬多個念頭。而這當中有許多都是負面的，因此「研究人員指出，當今困擾我們的絕大多數疾病都是『日常惡念』所累積的直接後果。」[7] 漩渦是真實的，其中塞滿了更多我們無法處理的念頭。

但是，如果我們就只奪回一個念頭，而不是努力要抓住每個念頭，那會怎樣？

如果我告訴妳，有一個美好、強大的念頭……妳每想一次就能讓生活中這種漩渦衝擊後的混亂狀況變得比較好，妳覺得怎樣？如果妳可以緊抓著一項真理，而平息那些使妳無能為力、難以理解的連篇謊言，妳覺得怎樣？

去思考一個念頭。妳做得到嗎？

這樣的念頭是存在的。之後再來寫這一點。

我了解，雖然我的提問直接簡單——也就是說，妳抓住一個真理，讓妳的心意專注——但要實現這一目標，絕非易事。為何？因為「讓妳成為現在的妳」那些腦組織皺褶正在發動全面攻擊。**我們這一世代的人，最偉大的心意之戰就發生在我們的兩耳之間。**

我們所相信、所思考的事情，攸關重大，而敵方很清楚這一點。他堅決要攻進妳的大腦，讓妳分心，讓妳無法把事情做好，讓妳墮入深淵，讓妳感到無助、喘不過氣、當機，以及無法站起身來為神的國度做出改變。

即使妳從不當機，妳這一路上也愛著神與人群，但妳每走一步都會有上百萬個惡念縈繞心頭。

無論妳是覺得自己當機了，或是有不滿情緒牽掛著，在此為了妳我，我寫出了一份聲明：

不再這樣了。

我說「為了妳我」是有原因的。因為很反諷啦，我本來以為神指引我這些有突破性的、很棒的信息，是要讓我的朋友們可以藉由療癒頭腦，能更周全地思考自己的念頭，以便修復生活，如此，這樣我也能幫助到其他人；然而，當時我不可能知道的是，我本人就很需要這種療癒啊。

2 我們相信什麼

「我至少不像她那麼笨。」

這句話是我國二生物課班上的同學德里克（Derek）在背後對我的評論。

在我們國二這群尷尬的十五歲同學中，德里克的體型是我們的三倍大，是個人人都害怕的傢伙。我當年是個害羞、安靜的學生，幾乎不開口的。他怎麼可能會知道我笨？事實上，我不笨。即使在課業最競爭的班上，我輕輕鬆鬆就能拿到全A和幾個B的成績。

我回顧過去的我，看著那個坐在科學實驗室長桌邊的國二女生，好希望我能捧著她的臉告訴她，她一點也不笨啊，但不確定她能否聽得進去。德里克說她笨之後的一小時內，她兩耳之間的微細皺褶就已經對自己的個人價值、安全感、才智，以及潛能做出不利的判決，並且在未來十年反覆受此折磨。

我剛拿到廣播新聞學的大學學位後，去了一家新聞台面試。那裡有兩名男性主管帶著我朋友和我共進晚餐。他們不想談工作的事；只想要和我們混熟一點。我一意識到他倆在和我們調情時，我坐在那裡尋思，*我在工作上永遠都不會被男人看重的*。這個念頭讓我相信，身為女性，我在工作上並沒有什麼可以貢獻之處。我對我所受的教育、培訓和天賦做出了不利的判決，並且後來深深地影響了我好幾年。

我剛結婚不久後，和我先生首次大吵一架時，他不理我，我則狠狠地摔了幾扇門。他事過境遷，但我無法不亂想——他不是真的愛我吧。我的心意就開始對我們的婚姻做出不利的判決。

對八歲的兒子發完脾氣那一次，當晚我上床後思來想去，覺得自己是個失敗的母親。多年來，這種念頭斷斷續續，彎彎曲曲，深入我的心意之中。

事實上，我一直在相信謊言。而且，不僅僅是相信，還以謊言為核心主題，圍繞著謊言書寫我的生命篇章。

我很確定妳也會這樣。

我們相信謊言

我的朋友克莉絲蒂娜（Christina）是一位持有證照的治療師，她告訴我治療師在「精神病學基礎」的第一堂課學到的是，我們在選擇相信關於自己的謊言時，所相信的是以下三類謊言當中的一個：

我無助。

我一文不值。

我不討人愛。

我反射性地想證明她錯了。「真的嗎，克莉絲蒂娜？只有三個？」我告訴她，大家都知道就一天內，關於自己的謊言我可以相信三百個之多。

「不是啦，」她說：「是說這三百個謊言中，每一個都可歸類到這三大類裡面。」

為了論證，我們就假設克莉絲蒂娜是對的好了。我要問妳的問題是：這三大類當中，哪一個妳最有同感？

是否有哪一類讓妳特別覺得容易去相信？

這三類謊言——我無助、我一文不值、我沒人愛——形塑了我們的思考、情緒以及我們回應周遭世界的方式；讓我們陷於其困惑、扭曲和痛苦的反覆循環裡，讓我們無法認識到真正應該相信的真理；而其中為害最深的是，改變了我們看待神的觀點。**我們會去相信的、關於自己的謊言，每一個都根植於我們相信神的什麼。**

假設我傾向於自覺一文不值、毫不起眼。再假設我讀了以弗所書，得知神因愛我至深，揀選了我，並讓我得兒子的名分。[1] 然而，即使我沒有公開否認這個假設的正確性，但我其實是在懷疑這項真理對我是否屬實。我或許點頭表示同意這項真理，可卻從未完全理解接受，也未曾據以塑造我的身分認同。

再假設後來我嫁的人是個典型的工作狂。我覺得在婚姻中自己沒有被看見，這就會印證在我內心深處的恐懼，亦即我確實一文不值、毫不起眼。所以，即使只是無關緊要的爭執，但每次只要先生對我稍有不耐，我就會覺得焦慮，轉動情緒漩渦。

先生肩上要擔負的一切我看不到，他的各種壓力我無法同感，而且，我的需要遠遠超出了他所能給的。

不久之後，我們就會不間斷地全面開戰，連為什麼會這樣自己都不知道。

在我心裡，我先生已成為敵人，他好像永遠都說不出我需要聽的話，或成為我需要的模樣。

我的念頭漩渦已經破壞了我的婚姻關係，奪走了我的喜悅與平靜。

沒有誰就一定要滿足我們的靈魂，或肯定我們的價值。這只有神才做得到。但是，直到我扔掉謊言，丟掉「說神的愛不是要給我的」那種謊言，因為錯信自己一文不值，我的情緒、決定、行為和人際關係就會一直是扭曲變形的。

我們開始思考自己的各種念頭，也許就是我們首次可以打斷「向下漩渦」的時候。我們可以重新設定，重新調整方向。那是我們的希望所在。並不是說我們要與每一個恐懼角力，而是要在我們的思考中讓神有足夠的空間，讓我們的恐懼在相形之下縮小。我喜歡陶恕（A. W. Tozer）所說的話，如果「神被尊崇……那麼一千個小問題就會立即被解決掉。」[2]我要報名。我要那種的。

想知道一個祕密嗎？我們是可以有那種的。但是，請妳要知道，靈魂的大敵緊抓著我們的心意，不加以擊退的話，他是絕不會鬆手的。我來告訴妳吧，惡魔才不會公平競爭呢。

我們才在這兒剛認識彼此，而我接下來是要帶妳進入我所去過最糟糕的心理地獄。我正在為妳做準備，因為很沉重，而我不太喜歡沉重。我喜歡有趣快樂的事情。但是，如果我不帶著妳進入黑暗，那麼當我說「相信神能帶給妳生命與平靜，然後去面對自己念頭的黑暗深處，這是很值得去努力的」，妳可能不會相信我。

這種先轉變念頭，接著就發生了人生上的轉變，我知道是可能的。我知道，因為發生過在我身上了。

但是，那個將我們從混亂轉移到平靜的念頭，在我找到它之前，我曾遭遇敵人的全面攻擊。

遭遇攻擊

上次回到小石城（LittleRock）已是幾個月前的事了。我坐在我媽的白色休旅車副駕駛座上，看著幾處熟悉的地標：我的高中母校、我和朋友們看完足球賽和籃球賽後常去的「紅辣椒」（Chili's）餐廳，還有從小游到大的泳池。我想起了回到家鄉有多舒心的那種感覺。

我們很快就抵達目的地：一間浸信會教堂，我預定在那裡進行兩場演講，中間還穿插一場簽書會。

第一場演講，我對著坐在我面前的女性們使盡全力。我把福音信息大膽而清楚地呈現出來。「有一個真正的敵人，他隨心所欲使喚魔鬼，」我告訴現場的幾千名女性說：「他想把妳帶出去。他決心要偷走妳的信仰。」我極想讓她們體驗到基督給予的自由，讓她們不要虛度一生。

接著是簽書會，人聲雜沓。之後，也不知怎的我發現自己落單了，孤身站著；有大型活動時，為了人身安全，我會盡量避免這種情形。聽眾已經朝禮堂方向移動，準備就座，籌備幹部步履匆忙，確認細節，工作人員都在各自的崗位上就緒。我則是站在休息室裡，只有我和另一個人，一個看似和善，我卻不認識的女人。

我意識到該走了，第二場演講快要開始了，在那之前我得先找到座位。我朝著禮堂方向走了兩步，突然那位看似和善的女人衝到我面前。她臉色一沉，溫暖的笑容不見了，她猛盯著我瞧時，眼睛瞇成一條線。

「我們是衝著妳來的，」她急迫地低聲說道。「妳不可以再講我們了。我們就是衝著妳來的。」

她說的話太沒頭沒尾了，我根本無從釐清她的意思。「小姐，」我說：「我聽不懂耶。妳在說什麼啊？」

她決絕的神態令人不寒而慄，她說：「妳很清楚知道我在說什麼。」

「抱歉？」我說，還是狀況外。

她重複道：「別再提我們了。」

「我不知道妳在說什麼，」我說。

她又說一次：「妳明明知道我在說什麼。」

但我不知道啊。

然後，我懂了。

我往後退了幾步，轉身走向禮堂，走近一位負責本次活動的保全人員時，我盡可能冷靜地說道：「剛剛在休息室有一位小姐威脅我。可以麻煩您注意一下嗎？」

不一會兒，我登上講台，開始了下半場的演講。講到一半，我聽到大禮堂旁的走廊傳來尖叫聲。我手臂上寒毛直豎，便稍微停頓了一下。我很清楚是誰在尖叫，也知道這是怎麼回事。

我想說保全人員會處理這個突發事件，所以就繼續演講。只是個瘋子在虛張聲勢而已。我回家後就會忘掉這一切。

誰知，魔鬼玩過頭了。那個女人在休息室驚聲尖叫時，停電了。我是說所有的燈光、整個廣播系統、我身後的巨型螢幕——所有東西，嘎然而止。大家都不出聲，待在黑暗裡。

我跟妳說過這是一間超大型教會了吧？他們的備用電源還另外配備有支援系統。這場演講出動了這麼多工作人員，天氣又晴朗，實在沒道理就這樣停電。

尖叫聲持續著，大家都聽到了，都驚訝得說不出話來。

「以前從來沒有發生過這種事，」教會牧師後來告訴我。「妳聽到的尖叫聲就是妳請警衛要多加留意的那個女人，還有她女兒。她們是要做什麼啊？」

見鬼了。

我的意思是，我傳揚耶穌，也相信祂教導的一切。祂教過我們關於敵人的事，也展示過祂擁有超越魔鬼的力量。敵人對耶穌來說並不神祕。對祂而言，屬靈的戰爭，切合實際。耶穌定期驅逐魔鬼——這是《聖經》所說的。

儘管我相信真有魔王，也真有小鬼為他做事，也相信在我們周遭一直都有人在為自己的心、靈魂、意念而戰，但是我要告訴妳：能如此肯定這就是撒旦的作為，這還真的是第一次。

這種事本來是很恐怖的，但是我反而一開始就有不同的反應：我在信仰上的表現更熱情了。我清楚記得那天晚上和家人上餐館時，我對所有願意聽我說話的人談耶穌，其中包括了餐廳服務生，還有我姐姐的朋友們，他們剛好也在城裡。神、天堂、敵人、我們面臨的這場戰爭——這一切都是確切存在、真實不虛的，我領受著深深的感動。

我從來沒有像那天那麼肯定過：*這一切都是真的*。

這就是為什麼隨後的黑暗漩渦，會這麼出乎我意料之外，令我難以置信。

3 走出漩渦

結束小石城的演講活動後

在回父母家途中，我打電話給澤克。我離家去演講前跟他有些爭執，爭執的點在哪兒我都忘了，但是我清楚記得電話接通後，我對他說的第一句話是「嘿，寶貝。停戰了，好嗎？」

和他接通了電話後，我接二連三問丟問題給他：「我們家財務狀況好不好？我們跟誰有過節嗎？孩子們都好吧？」

我實際上還用了俚語「把大篷車隊圍成一圈」，說道：「澤克，我們得把大篷車隊圍成一圈，嚴陣以待了」這種話。

什麼？我們的牛群有危險嗎？

事實上，我根本不知道哪裡有危險。也不是真的想去把危險給找出來。

「珍妮，妳在擔心什麼？」他問。哦，我表現出擔心的樣子了。我知道他一定覺得很奇怪，那間美美的浸信會教堂怎麼了嗎？我告訴他那件事。我先生一向不信誇張言詞的，這時卻極重視我所說的話。當晚在電話上，我們一起查找生活上自己控制範圍內的事，並確認好自己並沒有明顯可被攻擊之處。

我們稍微放鬆了些。

但是自從那晚開始，緊接著在我對信仰有了這般十足十的肯定之後，每晚我必定會在凌晨三點醒過來，心中還有點恐慌。*啊。又是三點鐘！*倒也不是說我不習慣在半夜醒來——養過孩子的女人誰不曾這樣呢？但是這種醒法不一樣。

我的心意在高速旋轉，令我害怕。我的心會在深夜裡旋轉好幾個小時。

通常會從一些小念頭、小恐懼開始——不知道有沒有忘了洗衣服，擔心我的某個孩子——但是很快就會變成更大的恐懼。*真的有神嗎？*我可是為了祂奉獻我的人生啊，那種懷疑又帶出一個駭人的可能性：我只是在浪費生命而已吧。

在黑暗中，我獨自一人，靜默地把這種念頭推開，但它又會像溜溜球一樣溜回我的頭腦，這是個我無法甩掉的棘手問題。

諷刺的是，我名字中間那個字是「信」（Faith），但我自己的信念卻在消失中。《聖經》研究的教師貝絲．摩爾（Beth Moore）自稱是「住過坑裡的人」，她說「坑」有三種：自己跳進去的、意外滑進去的，以及被扔進去的。[1]我這個坑是最後那種。我是被扔進去的。在那些失眠的夜裡，不斷困擾我的問題是，我到底該如何走出這個坑。

我知道在人生的某個時間點，人們會懷疑自己所選擇的職業是否正確。他們會懷疑自己是否嫁娶了對的人。或者也會懷疑自己的人生目標。然而，我所懷疑的直指「我是誰」這個核心：我懷疑神的存在。每一天的晚上，清醒的我躺在寂靜黑暗的臥室裡，懷疑世上是否真的有神。

如果祂真實存在，那祂真的看得到我？祂真的愛我？祂在乎嗎？我在想什麼呢？

神當然在乎啊。

不是嗎？

念頭的重量

我曾以真誠熱情讚頌的信仰，何時開始已自我心流逝？

誰拿走了我的信仰？它去哪了？

我還拿得回來嗎？

突然間，我心充滿了懷疑。說實話，也不算突然。懷疑就在每天夜裡我躺在黑暗中的時候滋長著，緩慢、微細、不知不覺的。

揮之不去的不安感取代了我一向開朗樂觀的態度。自我有生以來，所有我學過的擺脫低潮的方法無一奏效。我仍持續健身、維持工作上的生產力、上教會。但是，一場要奪取我心意的全面大戰搶走了我的樂觀。這些疑慮的念頭連番無情地攻擊我，我被壓制，無法動彈。

後來，始於黑夜的疑心悄悄潛入白晝。我愈想愈覺得奇怪，這全都是真的嗎？但在白天，確實存在相當多的干擾。

抓取令人分心的事物——頭腦真的很會這樣做。

當需要信仰的時刻來到，我會選擇信仰。發現自己的熱情在消退，我會緊緊信靠我接受神這幾十年來的心路歷程。但是，念頭漩渦拖著我轉，讓我身心俱疲。

懷疑奪走了希望。沒了希望，所有重要的事情就都不再覺得重要了。

妳遇過什麼很艱難或沉重的事，讓妳質疑自己曾經相信的一切嗎？

後來，雖然我意識到敵人在伺機而動，但是身處向下的漩渦裡，我看不見。我的念頭好像把我控制住了，而不是我能反過來控制念頭。回顧過去，我多希望當時能告訴自己，讓自己擺脫所在的惡念漩渦。是有出口的。妳現在若困在小漩渦或極速旋風裡，我要告訴妳，一定有出口。

極速陷落

我無助。

我一文不值。

我沒人愛。

就在床上，凌晨三點的攻擊一次又一次。我不知怎地深受以上三個觀念折磨。我以前相信的一切都不算什麼。神不算什麼。人生也沒什麼。因為我什麼都不是，所以我感覺無助。因為我什麼都不是，所以我一文不值。有誰會愛什麼都不是的人？所以我沒人愛啦。

惡念的危險在於它會製造另一個現實，在裡頭，扭曲的推理乍看之下還真的有點道理呢。

回想這幾年我一路走來的艱苦歷程。看著一個最好的朋友連續中風，還要同時面對痛苦的離婚過程；看著我姐姐凱蒂（Katie）的婚姻和人生崩壞；我自己則挺過了從盧安達（Rwanda）收養兒子庫柏（Cooper）的艱難挑戰，還因為集結各方力量創立某組織，並首次領導團隊，而受到我敬重的多位領導人對我猛烈抨擊，也親眼看著我先生澤克某次憂鬱症發作……這種慘事其實還有更多。

難道說我對神的良善有信心，這一點錯了嗎？

凌晨時分，我開始猜測自己的人生會走向何方。難道我把人生寄託在一個毫無意義的使命上了嗎？難道我所有的努力和熱情都白費了嗎？

曾經是如此真實、極其重要的一切，似乎在漸漸消失。

大約在此時，我和家人去看了最新上映的電影《復仇者聯盟：無限之戰》。其實這部電影已經上演好一段時間了，所以在這裡劇透一下內容我是覺得還好：最後，我最喜歡的幾位超級英雄就這麼地……消失，飛灰煙滅，四散無蹤，就好像他們從未去過那裡，甚至未曾存在過一般。

就好像他們的一生毫無意義。

坐在戲院中的我被「我也是這種命運」的念頭折磨著。無論我有過什麼成就感，無論有過什麼影響，所有這一切注定都會蒸發掉。到最後，一切都無所謂了。

最後，我會留在墳墓裡的黑暗裡。劇終。沒有神。沒有拯救。我什麼都不是。我的人生毫無意義。

現在什麼都無所謂了。如果沒有神，那還有誰會在乎什麼呢？

（我告訴過妳的，接下來很黑暗。）

一連十八個月——五百多天——我天天都在想這些。

直到我學會對自己的念頭做不一樣的思考。直到我想起來，其實，我可以選擇。

4 掙脫

「妳們會覺得我瘋了」

我對著我親愛的朋友艾絲特（Esther）與安（Ann）這樣說時，我仍淚濕雙頰，放在大腿上的兩手顫抖著。我們三人當時很糗地窩在烏干達（Uganda）偏鄉的巴士長椅上。「說真的。很可能我真的是瘋了。」

因為三十分鐘前與烏干達官員們面談時，朋友們已經目睹了我整個崩潰，所以我就直話直說了，把我所經歷的這些事情——已經好幾個月會在凌晨三點準時醒來、懷疑、不信神、失去了精神立足點的恐懼感——都說出來。他們看著我打開自己，在與某種不可知的力量抗衡後，很累；在沒一件事順利的時候還要假裝一切都好後，很煩；此時，我唯一的選項就是實話實說。

所以我一吐為快。全說了。在阿肯色州（Arkansas）與那個女人的奇遇。她威脅說：「我們是衝著妳來的。」無邊無際的失眠之夜。即使我不相信人會失去信仰，但我仍然擔心自己會失去信仰。我嘴巴說話的速度快過我大腦所能處理的、我所說的這些話，就好像把我過去十八個月以來一直在承受的恐怖感覺，做成一段祕密錄音，而現在我按了播放鍵。

「我已經不知道自己還能相信什麼了，」我說：「真的很黑暗……比我所能說出口的還要糟糕。我質疑這一切已經有好幾個月了。我不知道自己是否仍然相信神。我覺得也許不信了。」

安以她特有的專注神情端詳著我的臉，等到我說話要換氣時，她才插話。「不是的。不是這樣，」她說。「我了解妳。也知道妳的信仰。我一直與妳同行，也一直看著妳。」

我睜大眼睛望著她，多希望她的說法是真的。

「珍妮，那是敵人，」她說。「這些話沒有一句來自於神。一直在折磨妳的這種可怕情況……這不是真正的妳。」

她說的話刺穿我內在的混亂，在我的心意裡散發開來，我讓雙眼闔上，點了點頭。

真理突破障礙

在烏干達辦公室裡，讓我情緒崩潰的點，是突如其來地聽到一個陌生人在宣讀一段我非常熟悉的文字。

那五百多個焦慮滿載的夜晚，有許多次，我唯一能找到的慰藉就是著魔般地誦讀《聖經》裡的一段經文，懷著希望禱告讓我堅定自己對神的信仰。多年前，我背了詩篇第一三九節詩，在黑暗的臥房裡，我心意中的懷疑和恐懼呼呼飛轉時，我低聲唸著這首詩：

我往哪裡去躲避你的靈？
我往哪裡逃躲避你的面？
我若升到天上，你在那裡；
我若在陰間下榻，你也在那裡。
我若展開清晨的翅膀，飛到海極居住，
就是在那裡，你的手必引導我，你的右手也必扶持我。[1]

我指望這些話是真的，尤其是詩篇的作者大衛所說：儘管我們可以嘗試，但實際上我們無法逃避神的臨在。我想要相信這句話是真的。我需要這句話是真的。因此，我一次一次又一次地，懷著孤注一擲的熱情，對著黑暗，輕聲唸著這首詩。

在烏干達，我和朋友們訪視各個難民營，觀察「飢餓者之糧」（Food for the Hungry）正在開展的工作，我們都想要支持這個組織在這方面的努力。雖然我不能充分理解，但看到事情有進展，真是令人萬分欣慰。我們這個小組從營地回到了一間狹小的辦公室，然後將與促成這項善行的當地官員會面。他們都是教徒，都致力於促成進步，都很仁慈、健談、善良。「在我們開會之前，請先和我們一起虔敬禱告好嗎？」其中一個人問道，我們熱情地答應了。

我在這間無空調房間的一邊坐下，安和艾絲特就坐在對面；我呼出的每一口氣裡全是千百個心煩意亂的念頭。有位男士在短暫祈禱後，打開《聖經》，開始唸出聲來。「主啊，你已經鑒察我，認識我！」他說，他的口音是很重的捲舌音。「我坐下，我起來，你都曉得；你從遠處知道我的意念。」[2]

他在唸的是詩篇一三九？你在開我玩笑嗎？他讀的是詩篇一三九！

「你在我前後環繞我，按手在我身上。」[3]他唸的時候，我覺得自己備受激勵。我知道他接下來要唸的是什麼。「我往哪裡去躲避你的靈？」他唸道。「我往哪裡逃躲避你的面？我若升到天上，你在那裡；我若在陰間下榻，你也在那裡……」

淚水在眼眶湧動。這房間悶熱得令人窒息。

隨著他的雙唇吐露出的這些話，我有深刻的心領神會。

「我若展開清晨的翅膀，飛到海極居住，就是在那裡，你的手必引導我；你的右手也必扶持我……」

即使真的很想奪門而出，但我知道那時要起身告退並不合宜。因為淚水潰堤而出，所以覺得口乾舌燥，雙眼灼熱。在這裡，我們搭乘螺旋槳飛機和搖搖晃晃的巴士一整天之後，來到這個有半個世界遠的小小村莊裡，我從一個母語不是英語的男士的口中，聽到了這些熟悉的字眼。

我們愛著同一位神。這位神怎會不真實？

這個人本來可以選讀成千上萬篇其他經文，然而在此，我們一起讀出來的就是這些話——唯一一段——正在支撐著我脆弱的信仰——的話語。

當安說出那簡單的幾個字——「珍妮，這不是真正的妳」時——她是對的。我的內心深知這一點。這不是真正的我。我愛神。我是一個信徒。我相信耶穌並珍視我的信仰。而且神是不會放下我的。

恐懼。
懷疑。
不安。
痛苦。這些都不是我。
神是真實的，而我是很有價值的。
我的生活很重要。
祂是真實的。
我有一個敵人，我也太久都不還手了。
我過關了。這是一場戰爭。

回復清楚的視力

與安和艾絲特從烏干達回家後，安便擬定了我們的作戰計畫。我有點覺得會對好友們帶來困擾，但卻又有點迫切需要尋求幫助。

為了團結一致對抗任何讓我深陷於無信仰和懷疑之中的人或物，安決定好了，我們三人要一起祈禱，並且連續二十四小時禁食所有食物和飲料。

早餐沒有冰沙。午餐沒有托奇（Torchy's）玉米薄片。午後沒有星巴克馥列白咖啡或瑪德琳蛋糕。水——就是全部。整整一天，我們要引導原先花在想食物、準備食物和享用食物這些念頭的能量，將之重新導向祈禱。我們會祈禱讓我有自信。我們會祈禱讓我能穩定下來。我們會為我的信仰而祈禱。

對我來說，這真的是太過於聚焦在我一人身上了，但一想到這些恐懼和痛苦可能揮之不去，我也就全力以赴了。

從烏干達回家後的幾天，安當時所說的那句話，我一定在內心重播一千次有了吧。

「這不是真正的妳。」

一次簡短的聲明，一個簡單的提醒，如何能解開綑綁我的意念和心長達一年多的粗重鎖鏈？

我想到使徒保羅（希伯來語名字為掃羅[Saul]）在歸信基督時的經歷。他本來一直在迫害基督徒，有一回去大馬士革（Damascus）的路上耶穌降臨，隨後他就失明了。使徒行傳第九章說，掃羅三日不能看見，也不吃，也不喝。耶穌指示他進城去，並等待進一步指示。因此，這個失明的人在旅伴的引領下，依照所吩咐的做事。

最終，在大馬士革的一位信徒名叫亞拿尼亞（Ananias）的按手在掃羅身上。他說：「掃羅，在你來的路上向你顯現的主耶穌差我來，叫你能看見，又被聖靈充滿。」「（掃羅的）眼睛上，好像有鱗立刻掉了下來，他就又能看見。」[4]

掃羅站起身來。

掃羅受洗了。

掃羅吃了一頓飯。

掃羅獲得了力量。

不是我在誇張，一聽見安說「這不是真正的妳」時，我便看見了好幾個月以來都看不見的東西。**因為獨自一人在黑暗中，魔鬼可以對妳說出他想要說的一切**。現在的我不孤單。我在戰鬥，在基督裡我被賦予了贏得勝利的權威和力量。我的眼睛上，好像有鱗之類的東西掉下來，最後我的視力恢復了。

我曾與真理相遇，雖然「屬血氣的人不領會神聖靈的事，反倒以為愚拙。並且不能知道，因為這些是唯有屬靈的人才能看透，」但正如保羅所說，我們擁有基督的心意。[5] 屬靈的人是由真理帶領的。即使那位屬靈的人待在黑暗中，好像已經很長、很長一段時間了。

我知道安一直是對的。

改變的時刻

有趣的是，在備受煎熬的那幾個月，我在社會生活方面，也對一份真誠、紮根的信仰有強烈的需求。我一向以堅定的熱情宣講耶穌，也看到許多人生改變的奇蹟，同時也為維護我的信仰而戰。

我實際上是一直有信仰的。

重要說明

也許妳患有輕度悲傷，而且已經很長一段時間了。又或許妳的情況其實是更糟糕的。

我人生中認識的兩個人，他們深愛著耶穌，也在對抗慣性自殺。

根據「心理病症全國聯合會」（National Alliance on Mental Illness）報導：「每

年每五個成年人當中就有一個會出現心理疾病症狀，」[6]心理疾病可說是非常猖獗。如果妳有面對心理疾病的困擾，可否讓我伸出愛心的雙臂將妳環抱，讓我看著妳的眼睛，然後低聲說：「這個東西——妳的焦慮、憂鬱、躁鬱症或自殺念頭——並不是妳的錯」？

妳體內的化學物質可能真的在崩解，妳受苦了。這我明白。我家族裡有幾個成員得靠藥物來調節他們大腦中的化學作用。請聽我說：選擇服藥不用覺得羞恥。讚美神，這些是有幫助的工具。

我只是想讓妳知道——請靠過來，仔細聽——在本書中，我每次講到神有讓我們去選擇如何思考，我這並不是說妳可以靠思考就擺脫心理疾病。我不是這個意思。我經歷過焦慮的許多階段，都很嚴酷，我是整個人都癱瘓的狀態。

有些時候，我們都需要諮商和藥物這些形式的幫助。但是，我希望本書接下來能讓妳看到，在每個階段也都有我們可以為自己取得的幫助。學會專注於單一念頭對我們大家都有幫助，包括在對抗心理疾病的人，還有那些對抗不同挑戰的人。

我只是不覺得很有信仰。

我的感覺是很受挫。

我的悲劇是根本不必花上十八個月的時間空轉。妳也不用啊。我們不必一拖十八個月啊。我們甚至不必拖到十八分鐘那麼長啊。我們根本不用拖啊。

有幾個原因讓我猶豫著是否要說下一件事。也許妳會表示懷疑。也許妳這一生都在對抗某種綑綁，而我的答案好像太隨便了。也許妳連自由都不敢去想像，更遑論追求。但我還是要說，因為這是真實的：

事實是，妳可以，在瞬間改變。

妳。

和我。

可以改變。

科學也證明說我們可以。我們的大腦裡滿滿都是神經通路，有些淺而可塑，有些則是由一輩子的惡念所挖出的深溝。在這兩種情況下，神都有大能，可以拯救。在這兩種情況下，祂都有大能可以治癒。

我和朋友那次禁食和祈禱之後，我的大腦重新醒來，思考變得清晰明朗，彷彿我原先一直在大霧裡張望，而後突然間煙消雲散了。我開始了解到《聖經》裡說的「我們的心意」是什麼。

我開始研究起來，我要剖析的第一節經文出自保羅，就是我們之前稍微提過的那節經文。「不要效法這個世界，」他在羅馬書（12:2）中說：「只要心意更新而變化，叫你們察驗何為神的善良、純全、可喜悅的旨意。」[7]

妳想要被轉化嗎？如果不想，我就不知道妳還有什麼原因會讀到這裡。還有其他原因嗎？我的意思是，「網飛」在招手，洗碗槽裡還有杯盤，妳可以去做的事有千萬種可能。可妳在這裡。所以我猜想，妳在這裡是因為妳真的希望無論如何也要有一番不同。

我們要攻下的是大多數有理智的人都不敢對抗的東西。更糟的是，他們不對抗的原因是，他們連對方已經在攻擊這一點都還沒有意識到。他們沒有意識到這場衝著他們而來的全面襲擊。他們看不到敵人正向他們奔來。他們不知道自己就要被踩在腳下。他們活著，卻完全不知不覺。

我過去有一年半就是這樣。但是，自從真理之光穿透黑暗的那一刻起，一切就變了。

然而，也不要太天真：**如果我們的思想慣性就是內心最深最黑暗的大本營，那什麼**

苦頭都會到來，阻止我們得到自由。我們不會空想策略。不，我們就要對自己內心黑暗的根源宣戰。而且，我們會深入挖掘，把惡念根源給拔出來。

這會需要努力。

這會需要耐心。

這會需要我們給自己很多很多的恩典。

在我告訴朋友們，有十八個月之久，我都待在懷疑漩渦裡之後，由於事態緊急，我們從神所賜予我們的、靈性意義上的兵器庫，有什麼都往漩渦魔獸身上扔去。當我能認出敵人在進攻並予以反擊時，我很快就康復了。

在其他漩渦中，若有挖得很深的溝，就需要更多的時間來療癒。但是在所有情況下，我們使用的武器都是相同的。日復一日，我們都在奮戰，要奪回自己的念頭，而不是被念頭所俘虜。

我在打上一段落的文字時，朋友發給我一條短訊，說我的網站被色情網站入侵。是的。就在我提到要與魔鬼交戰之時，他就發動攻擊了。

純屬巧合？

我可不這麼想。

5 念頭被俘獲之處

奪回所有的念頭看來是不可能的任務

我之前提過，要奪回所有的念頭看來是不可能的任務，特別是考慮到每分鐘可能出現的念頭是如此之多。據說每天十六個小時的清醒時間內就有三萬個念頭，那麼每分鐘大約出現三十一個念頭。還記得我說過「只要奪回一個念頭」嗎？若此一念頭有力量能打斷各種漩渦，安撫混亂的內心，妳覺得如何？

保羅自己的人生也經歷過漩渦被打斷。自鱗片從他眼睛掉落，他的生活和念頭便都集中在一個全新的事實之上。沒別的希望，沒別的故事，沒別的背景音樂。他不再做那些分心的事，而是讓自己專注於一件簡單的事之上：

「因我活著就是基督，」保羅在腓立比書（1:21）中寫道：「我死了就有益處。」就是這樣——全然——與基督相關。

保羅經歷了巨大的轉變，後來的他完全不一樣了。他不再是受自身處境或情緒所困的奴隸。保羅現在選擇的生活是，覺知到基督的力量就在他裡面、透過他展現、為了他存在。保羅現在擁有聖靈的力量——與耶穌從死裡復活的力量同一，[1]他選擇覺知著這股力量，並臣服在這股力量之下而活。

保羅在整部《新約》的禱文，在備受爭議的說法當中最富爭議性的是，這位使徒說：

「因為我們雖然在血氣中行事，卻不憑著血氣爭戰。我們爭戰的兵器本不是屬血氣的，乃是在神面前有能力，可以攻破堅固的營壘。將各樣的計謀、各樣攔阻人認識神的那些自高之事，一概攻破了，又將人所有的心意奪回，使它都順服基督；並且我已經預備好了，等妳們十分順服的時候，要責罰那一切不順服的人。」[2]

根據已故的尤金．畢德生（Eugene Peterson）牧師的釋義，最後一點讀來是這樣的：

「神所賦予的工具威力強大，我們可用來粉碎各種扭曲的人生觀，推翻為違背上帝真理所豎立的障礙，將不受控的念頭、情緒和衝動全都融入到基督所塑造的生活結構中。這樣的工具就在我們手邊，可以清除所有障礙，並讓順服的生命趨於成熟。」[3]

我對這些話的心得是：妳我早已具備了神的力量，可攻破我們心意中的營壘，可摧毀支配我們思想慣性的謊言。我們有權柄，也有力量這麼做！

然而，我們四處走動，對於開放進入自己心意之種種，卻裝作一副無力阻攔的模樣。

如果家中幼童在雜貨店裡亂扔東西，我們會糾正他，讓他改變行為——然而，卻允許自己的心意公然崩潰，而不思改進。

那十八個月來，我一直以為自己受害於內心之中反抗神的論點。我人生中有好幾年，一直以為自己受害於內心升起的負面心態。妳對我現在所說的有共鳴嗎？妳是否也一樣，花了太多時間相信自己是被自己的念頭所害？

保羅告訴我們，我們不必這樣生活，我們可以奪回自己的念頭。這樣子，我們就可以為正義、為神發揮力量，快速攻破心中營壘。

一念打斷

有希望可以發揮力量，掌握自己的念頭，這聽起來很棒，不是嗎？但我覺察到妳問了一個小問題：

「嗯……要怎麼做呢？」

或者說，「謝啦，珍妮。聽起來很不錯。但我到底該怎麼做呢？」

在接下來的章節中，我會領著妳一起學習如何使用神賜予的武器來消滅那些攻擊我們、破壞我們努力成果的七個大敵，以維持穩定健全的心意。

這個全貌是：我們的思想慣性一團亂。這些念頭常會引起情緒狂亂，對吧？然後，情緒會支配我們的行為。

行為對我們的人際關係影響極大，可能會讓我們之前提過的「下行漩渦」繼續發展。

所以，我們在說的是，*思考方式直接決定了生活樣貌*。

這聽起來可能很可怕，但實際上，這是令人振奮的。

妳現在必須信任我。

這就是我所知道的：雖然我們在天天面對的各種情境中，可能無法奪回每個念頭，但我們可以學會奪回一個念頭就好，這樣做就會影響後續的其它念頭。

那麼，可以成功終止每種負面思考模式的「那一念」是什麼？就是這句話：

「*我可以選擇。*」

就是這樣。

唯一一個，可以打斷漩渦的就是這一念：

「我可以選擇。」

如果妳相信耶穌是妳的救主，那麼妳的內在就有神的力量讓妳去做出選擇！妳不再受激情、欲望、營壘和任何形式的罪所奴役。妳具有神賦予、神授權、神贖回的能力來選擇妳自己要怎麼想。妳可以選擇要將精力放在哪裡。妳可以選擇要為什麼而活。

我可以選擇。

我們不受行為、基因或處境的約束。

我們不受自己的激情、情欲或情緒的約束。

我們不受自己的念頭約束。

我們可以選擇，因為我們是征服者，擁有武器可以摧毀營壘。

現在，我們很少會去選擇自己的處境，但是保羅說，如何看待一些時而具有挑戰性的事情，我們是可以選擇的。我喜歡這個真理。我喜歡這個真理，因為我經常與同坐的女人們講自己的故事，不論是在哪個國家或城市，她們的苦都是一樣的。我在烏干達的小茅屋裡和女人們聊天。我和她們一起坐在泥土地上，在口譯員協助下，聽著她們講有多擔憂自己的孩子們，這和我對自己孩子的擔憂是一樣的。

站到我面前來的這些人都已選擇相信耶穌，而非相信自己有能力讓事事順利。

有信仰的英雄不受自己的念頭約束。

他們不受自己的情緒約束。

他們相信一個主要目標，並傾注全力，著眼於「思念基督」。

耶穌是他們全部的念頭旋轉的軸心。他們的心意可以翻來覆去，但他們就是惦念著祂。

這就引發「妳惦念著什麼？」這樣的問句。

妳會知道妳的惦念之所在。就是妳不停在想的那件事。

拜託。

我好友們都知道我在惦念什麼，因為要隱藏可不容易。惦念會從我們說的話、表現的情緒和所做的決定流露而出。惦念就是我們閱讀的書籍、訂閱的播客、搜尋的網站、加入的社團、迷戀追求的焦點之所在。

妳是否惦念著、害怕著，孩子總有一天會背離父母？那妳就會去讀很多親子方面的書籍。

妳是否擔心生病或不那麼健康？如此，妳就會收聽很多關於健康的播客，並花一筆錢去買精油。我之前寫過我念大學時，以及之後好多年努力克服飲食失調症的文章。那是我擔任阿肯色大學（University of Arkansas）的啦啦隊隊長時所發生的事，當時，我們每個星期都要量體重。如果我們啦啦隊上有誰比上星期多了一公斤以上，那週的比賽我們這隊就會被換掉。

我總是很注重三餐。總是很注重健身。總是注重該吃什麼、不該吃什麼。後來不量體重了，但是這些過度的執念都還在。我的惦念之所在變成了我卡關最慘重的地方。

然後，我讀了保羅的名言：我可以奪回自己的念頭，並順服於基督。

這句話震撼了我。

也打斷我的漩渦。

我再次擁有力量，能掌握自己的生命和心意了。

*神早已賜予妳力量，可以打破這種惦念！*保羅那句話，對我而言就是這個意思。那是我迫切需要聽到的話。

剩下的問題是，要怎麼做？我要怎樣做才能打斷我的向下漩渦？

對妳而言，至少有部分答案可能在於諮商。可能在團契。可能在禁食。當然，肯定會在於祈禱。

對於妳我來說，答案都是聚焦在神——祂的臨在，祂的力量，祂的恩典，祂的話語之上。

每個漩渦都可以被打斷。沒有什麼惦念能逃得過神的手掌心。因為我們都是「新造的人」，所以我們都可以選擇。[4]

祂給予我們力量和工具，還有祂的聖靈，讓我們打斷漩渦。當我們願意採取主動時，有些很棒的東西便會展露出來。

我們思考新念頭時，便會實際地改變大腦。

我們思考新念頭時，便會建立更健康的神經連結。

我們思考新念頭時，便會開創新的路徑。

當我們思考新念頭時，一切都會為我們而改變。

心意重置

我在研究大腦時讀過的一位作家丹尼爾．席格（Dan Siegel）博士，他是臨床精神病學教授。「注意力集中在哪裡，」他寫道：「哪裡就開始神經通路激活，神經連結增強……妳以為的根深蒂固的模式實際上是可以透過心理上的努力而改變的……在所有心意和知覺這類活動中，我們並不是被動的。」[5]

思考什麼，大腦就會變成什麼。妳惦念著什麼，在神經學上而言妳就是什麼。

這實質上就是一個念頭。接著會引來另一念。

一念又再引來另一念。

換句話說，告訴我妳在想什麼，我就可以告訴妳，妳是個怎樣的人。

好比我兒子庫柏。他十歲了。每次他的漩渦開始要旋轉，他的心意、身體和情緒就會往下降，降，降，我就要想辦法打斷他的漩渦，盡力幫他轉換念頭。

「嘿，小朋友，時間到了喔，」我告訴他。「我愛你。你沒問題的。不用慌。你可以選擇別的路。你不必為此煩惱。」

我告訴庫柏什麼是實際。

我告訴庫柏什麼是真相。

然後，我努力記住，對他來說真實的事對我也適用。想要知道這個祕密嗎？這些東西對妳也適用。妳我一直都在幫孩子轉念啊。何不自己轉念？首先，當然，我們必須提醒自己，改變是可能的。容我再說一遍：「我們可以選擇！」而且，我們愈常抓住這個真理，就愈容易打斷向下的念頭漩渦。

我一直在練習之後我們即將要一起做的「模式演練」，後來發現我的轉念愈來愈訓練有素了。請查看以下的漩渦圖形。這次從最底層開始，隨著情緒和念頭即將失控，形成漩渦，看看我們要如何透過選擇基督的心意來加以打斷及改變。

在這場戰爭裡，保羅在羅馬書中所說的話對我來說無比真實：「因為按著我裡面的意思，我是喜歡神的律，但我覺得肢體中另有個律和我心中的律交戰，把我擄去，叫我附從那肢體中犯罪的律。」[6]

這是每天都要打的仗！我做得並不完美，但我已看到明顯的進步。曾經覺得「改變」根本「不可能」，頂多就是「或許」吧，但現在已經「顯而易見」了。

妳我要往哪裡去？我們的目標是超越這一步。根據保羅很久以前寫給羅馬教會的書信，妳我可以學會注意自己的心意，到一個「掌握自己的念頭成為反射性動作」的程度——全自動、直觀的反應。

保羅在羅馬書（8:5）中說：「因為隨從肉體的人，體貼肉體的事」而「隨從聖靈的人，體貼聖靈的事。」他接著說：

「體貼肉體的就是死，體貼聖靈的乃是生命、平安。原來體貼肉體的就是與神為仇，因為不服神的律法，也是不能服。而且屬肉體的人不能得神的喜歡。

如果神的靈住在妳們心裡，妳們就不屬於肉體，乃屬聖靈了。人若沒有基督的靈，就不是屬基督的。基督若在妳們心裡，身體就因罪而死，心靈卻因義而活。然而，叫耶穌從死裡復活者的靈若住在妳們心裡，那叫基督耶穌從死裡復活的，也必藉著住在妳們心裡面的聖靈，使妳們必死的身體又活過來。」[7]

這段經文我已經反覆閱讀好幾個月了，也思索著如果我真的能擁有屬靈的心意，生命會是何種面貌。充滿生命與平安的心意。不斷思念著神的心意——祂是誰，為了我祂要做什麼。我的心意專注在神身上時，多希望得到祂所應許的「完全平安」。[8]

再說一次，雖然做得不完美，卻還是很常這樣去想。

我想要更熟悉與聖靈一致的思考模式，讓我自己的預設選項不會是依靠肉體，而是依靠那存在於萬物之中的聖靈。

有意去打斷負面念頭的目標：要讓心意的瘋狂漩渦嘎然而止。

練習這門打斷的藝術時，我們就是在置換一組全新的心意設定，隨著每一次更新，我們都會覺得自己愈來愈融入基督的心意之中。

身陷於議論或煩亂的漩渦時，我們可以選擇透過靜止，轉念回到神身上。

身陷於孤獨漩渦時，我們可以選擇透過團體，轉念回到神身上。

身陷於焦慮漩渦時，我們可以選擇透過信任神善意和掌權的定旨，轉念回到神身上。

身陷於悲觀漩渦時，我們可以選擇透過敬拜，轉念回到神身上。

身陷於自大漩渦時，我們可以選擇透過謙卑，轉念回到神身上。

身陷於受害者情結漩渦時，我們可以選擇透過感謝，轉念回到神身上。

身陷於自滿漩渦時，我們可以選擇透過服務神和其他人，轉念回到神身上。

在這裡我要告訴妳，那一天做完了祈禱和禁食，我就變得非常執著於練習類似保羅的模式（本書第二部分中會詳加說明），之後我就沒有再被嚇醒過。到現在已經有整整一年不再有凌晨三點醒來這種事困擾我了。

同樣的，妳也許會發現，有些念頭一旦被打斷，就會失去力量。神可以做到這一點。

然而，還是有些念頭需要天天去奪回它們，再重新導向。或每小時就要做一次。有些情況，頻率是更高的。但是那些致命的念頭是可以被奪回的。它們是可以被控制下來的。

我們可以擺脫最可怕的漩渦。

我們可以學習注意自己的心意。

生活的態度就是清楚知道，在這件事上我們可以選擇，因為事實上，我們真的可以選擇。

天父為了我的自由給予了一切。一切啊，所以我可以選擇這個出口！祂以祂兒子耶穌的愛與血造了這條出路。當我們思考的是帶來生命與平安的念頭時，我們不僅會得到更好的念頭，還會得到更多神的愛。

當四周漆黑一片時，我們仍然可能會在凌晨醒來。但是，我們不會再讓惡念在我們的心意裡作亂，因而輾轉不安；我們可以與神相會，思念祂的仁慈並祈禱。

時時刻刻、日日夜夜地專注於耶穌時，我們就已經贏得了這場心意之戰。

6 轉換

「妳在想什麼?」

幾個月前，我在我們教會召集了滿滿一屋子的女性朋友，一起研讀妳我在本書討論的要點。我們連續六週聚會，結果生命都起了變化。第一天晚上，大家湧入聚會的禮拜堂後，便看到這句話「妳在想什麼?」寫在大白板上迎接她們。大白板上貼著好幾十張色彩鮮豔的便利貼，紙上所寫的項目都可能是她們心中最常出現的念頭，例如：

- 別人的想法
- 財務
- 計畫
- 放假
- 週末
- 新聞

我們請這些參與研讀《聖經》的女性在就座之前，先找出一些她們確實有過的念頭，並撕下與之相對應的便利貼。這項任務頗有挑戰性。

當晚活動之後，我的團隊和我查看了有哪些念頭被拿走，有多少名女性拿走，以及還有哪些念頭仍然留在白板上。

如果問谷歌大神，我們每天有多少念頭是正面的，又有多少是負面的，那妳會發現絕大多數（有些研究人員說整整有百分之七十的念頭）是負面的。[1]

好，回到教會活動，即使在這些便利貼上有那麼多正面選項，但猜猜看，她們都拿走了哪些？

- 工作壓力
- 財務壓力
- 我夠好嗎？
- 我值得嗎？
- 失敗
- 拒絕
- 痛苦

再猜猜哪些便利貼沒有人碰過？

■ 選擇喜樂
■ 實力
■ 美好回憶
■ 我的心

「健行」這一張確實有三個人來拿走，所以至少還有這一樣。

現在，我要告訴妳，根據這些女性所選擇的便利貼，我大概就知道她們心中有哪些預設的念頭了；諸如：

「如果人們知道我敗得有多慘，他們永遠都不會喜歡我的。」

「我的價值來自於我達到完美的能力。難怪，我不值幾個錢。」

這些預設的結果是，情緒會溢於言表：沮喪、憤怒、消沉、絕望、難堪、不中用、羞恥。

而從這些情緒中所形成的信念是：

「我的事業不可能蒸蒸日上。」

「我永遠都不夠好。」

「永遠不會有人接受我、愛我。」

「我永遠還不了債務。」

基於這些信念，我們採取了行動：我們會麻痺自己的痛苦。我們會隱藏自己的恐懼。我們會假裝自己很幸福。我們會「披上盔甲、自我防禦」。

長時間累積的行為會形成習慣，習慣會打造生活風格，並形塑我們的日常。

難怪我們有這麼多人無法堅持去改變！我們淪為那百分之七十負面念頭的獵物，然後某一天醒來時才發覺自己已被徹底擊敗。

我們需要一個新的常態，讓這些便利貼只是用來確認而已。

的確，有些人（或許包括妳在內），在特定時刻他們的主要情緒是平安、知足或喜悅這一類。但是給這群人一天、一週或一個月的時間，憂慮一定會找上門來。一定會這樣，妳知道的？我們就是活在一個憂慮煩惱的世界裡。

正如耶穌所說：「在世上妳們有苦難。」[2]

好消息是：一旦認出某個主要情緒與白濫謊言有關，我們便開始看到了，在神的生命中所需要的一切早就已經全交給了我們[3]——這意味著我們開始療癒了，也開始過著意義重大的生活了。

自從我和艾斯特、安從烏干達回家後，過去這一年裡，我就把我的逃脫計畫稱為

「轉換」。當我陷入某種思考方式，無法自拔，這念頭顯然讓我過得不好的時候，我可以逃離這種思考模式，並抓住另一個新的思考模式。我可以做一個心理上的轉換。透過改變心意，我可以改變自己的情緒，打斷我們在本書前面看過的整個進程，進而轉換「我所體驗到的生活」。

最好的事情是？妳也做得到。妳不必身陷於往下走的漩渦，結果變成一堆恐慌。妳不必受恐懼和疑惑挾持。妳不必老想著每一件永遠都不會發生的恐怖事情。

保羅認為，為了從「反常神學」（又稱懷疑充斥）和「豎起壁壘反對神的真理」（又稱凌晨三點的不信仰）轉換為聚焦於與「基督所塑造的生活」更為一致的事物，我們必須拿起作戰的武器並摧毀那些占領我們念頭的營壘。[4]

首先，當然，我們必須學會認出這些營壘所在之處。

妳的心情故事圖

首先，我們要覺察自己正在想什麼。妳可以瞄準某個念頭，辨識其內容。我得強調一下，惡念是永遠都不想被注意到的。惡念會偷偷潛入並劫持我們的心意，我們卻幾乎都察覺不到有什麼不對勁。反正，我自己是沒感覺的。

因此，要投「注意自己」一票。要去想我們正在想什麼。

如果妳願意嘗試一下這個「想想念頭」的遊戲，請準備好筆記本和筆。準備好了嗎？

第一步

有需要的話，請參考圖示範例，在空白紙張的正中央寫下妳此時正在經歷的主要感覺或情緒。好的壞的都可以。

妳可能會寫焦慮。或平靜。或不知所措。

憤怒。

害怕。

不管是什麼，寫下來。然後，畫一個大圓圈把那個字框起來。

在大圓圈周圍，寫下妳能想到的每一個帶來這種感覺或情緒的原因。妳可以寫「待洗衣物」或「工作」或「孩子們」或「財務壓力」或「身材問題」。把所有這些影響因

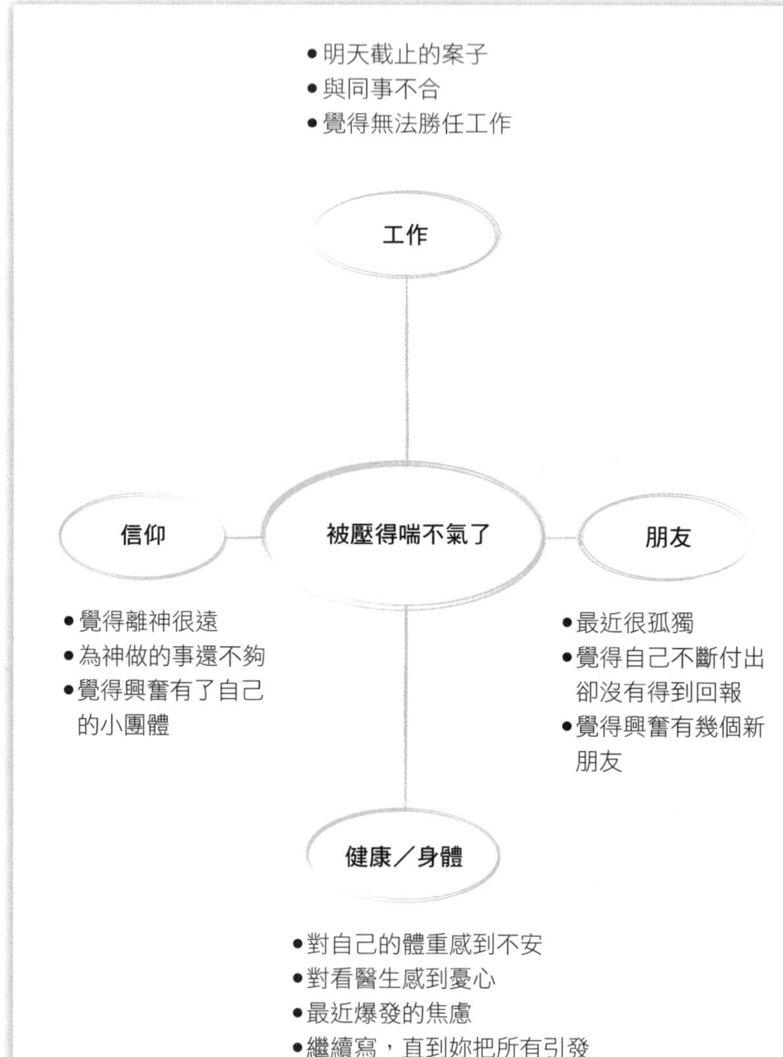
●明天截止的案子
●與同事不合
●覺得無法勝任工作
工作
信仰
被壓得喘不氣了
朋友
●覺得離神很遠
●為神做的事還不夠
●覺得興奮有了自己的小團體
●最近很孤獨
●覺得自己不斷付出卻沒有得到回報
●覺得興奮有幾個新朋友
健康／身體
●對自己的體重感到不安
●對看醫生感到憂心
●最近爆發的焦慮
●繼續寫，直到妳把所有引發這個情緒的可能原因都寫完。

素用一個小圓圈框起來；然後從每一個因素畫一條線，連接到大圓圈。在每個小圓圈旁邊列出該因素是如何讓妳產生那種情緒的。

第二步

跟神談談這件事。在面前放好這張紙再開始祈禱，把妳寫下來的每件事一一說出來。查找祂說的話，找出祂已經給我們的真理。告訴祂這件事。要祂告訴妳，妳對祂和妳自己的信仰，有那些是錯誤的。

準備好要繼續了嗎？

第三步

在妳的朋友圈裡找一找，誰有相同的模式和問題。妳是否擔心那些妳無法控制的事情？妳因為自己受到委屈而生氣嗎？對於自己所沒有的東西，妳是否念念不忘？

妳是否滿腦子都是關於食物、性生活、娛樂或金錢的念頭？妳為過去做過的事情感到羞愧嗎？

妳會自我批評嗎？

好的。那麼，為什麼我要請妳做這個練習呢？[5] 因為這樣，妳就可以清楚看到妳的諸多念頭是如何在建構有關於神的故事情節的，而這故事若不是真的，那就是假的。

如果妳想停止惡念模式，就必須要注意到正在發生的是什麼事情，並採取行動，以真理來拆穿任何我們所相信的關於神的謊言，這樣才能打破下行漩渦。

為了有效地做到這一點，我們需要一點幫助。

基督的心意

翱翔在我們美國的文化天地裡，幾乎不可能避免被「如何做得更好」及「如何成為更好的人」這類訊息所轟炸。「專家們」透過自我成長的書籍、網站、文章，資訊型廣告等等，直接切入我們這些想望。當我們聽到有對的祈禱文、對的健身方式、對的財務計畫，對的決心，這些會如何如何帶領我們過上更好、更充實、感覺上屬於我們的生活時，我們的樂觀情緒就會激增，內心充滿了期待的快感。

誰不喜歡與人並駕齊驅、作計畫解決問題、作出聲明、推動和成長？誰不喜歡這樣的想法：只要下一點決心，我們就能比以前更好。我們誰也不想卡在原地不動。我們大家都希望能興旺、豐盛。

當今世上，儘管人生智慧大師們風靡全球，然而「自救」的概念卻不是什麼新鮮事。在耶穌之前的數百年，就有專家撰寫道德論據以幫助人們做出更有智慧的選擇、過更好的生活了。

我們今天所知道的自救文化顯然起源於十九世紀。例如，在一八五九年，塞謬爾・斯邁爾斯（Samuel Smiles）就寫過一本書，書名《自救》（Self-Help）也是恰如其分。妳或許也知道斯邁爾斯一句著名的格言：「天助自助者。」這句話簡單易懂，人們還經常以為是出自《聖經》。但其實不是的（翻遍《聖經》都找不到這句話），雖然也可能是。當真正的幫手就在我們的內在時，誰還需要神呢？類似這樣的想法便催生了自救這個產業。

隨著時代前進，更多人加入這個產業。

戴爾・卡內基（Dale Carnegie）出了《如何贏取友誼與影響他人》（How to Win Friends and Influence People）一書。心理療法愈來愈受歡迎。

資訊型廣告漸漸流行起來。

勵志型演說家開始吸引人群。

而今，我們身處在一個後真相時代的社會，被各種承諾圍攻，說是保證會幸福、會發財、會有成就、所有夢想都會實現。可是，我們卻悶悶不樂。為什麼？因為**自救即使帶來了很多好處，但最終還是功虧一簣**。

要解決我們的苦難、缺點、漩渦這些方面，自救最多只能做到抗拒、下決心再做得好一點，並聲明：「這種可怕的狀況只到今天為止！」

然而，我們並不只是要惡念漩渦停止；我們還需要讓自己的心意得蒙救贖。束縛需要鬆綁。壓迫需要解除。視力必須回復。任性必須轉化。

自我產生的宣言，儘管可能說得響徹雲霄而充滿激情，卻無法帶來這種解脫。我們需要的是徹底的轉化：我們的心意要轉換成基督的心意。

我們不是生來只要想著自己的好念頭的。當我們開始顧慮自我少一點，憶念造物者與他人多一點時，我們就會知道人是生來體驗生命與平安的。

耶穌說：「先求祂的國。」[6]

最大的誡命是？愛主，且愛人如己。[7]

唯一真正的自救就是，身為耶穌的跟隨者，要相信我們身為宇宙之王的兒女這樣的身分，而且要知道我們的身分是由神自己的兒子流了鮮血而得以保證的。

當我們是如此去相信自己的身分時，無論處境如何，我們都會較少顧慮自我，較多憶念那個交付給我們的使命，亦即去愛神，以及去愛神放在我們面前的人們。

的確，只靠自己，妳還是可以取得一定的進步，但妳不會擁有聖靈的果子，也不會擁有基督的心意。那些敦促我們掌控自己生活的人們全錯了嗎？也不是這樣說。我們確實都有要扮演的角色。但是，如果沒有外力來轉換我們的內在，努力並不會帶我們越過終點線。

一旦奪回一個念頭，妳要怎麼做？妳要接著把這念頭交給基督。這樣妳才能體驗一種新心意、一種新身分、一種新的生活方式，這些都是聖靈授與力量所成就的。

世人皆知，沒有作工就不會有進展。他們比許多基督徒更了解這點。**但是，自救只能給妳一個更好版本的自己；一個全新的妳身後還有基督。**神在妳裡面。基督的心意。透過妳而結出聖靈的果子。妳會從枯萎垂死的雲杉變成茂盛的梨樹，結實累累。這是一個全新的創作。

這項工作，這個我們即將進行的轉換，可能是我們所做過的事情當中最為重要的。

但是，我們不僅僅把它當作是一個自我成長的計畫來做。我們之所以這樣做，是因為我們想過一種「全新創造」的生活、一種真正重要的生活，一種在神所應許的、在基督之內的生活。

Part Two

Taking Down the Enemies of Our Minds

拿下心意的大敵

7 劃出戰線

我要訓練妳打仗

我們前進到本書第二部分了，現在我想把妳拉過來，拉到我身邊，並告訴妳接下來會發生什麼事，以及原因為何。

我要訓練妳打仗。

請記住，我們這一世代最大的心靈之戰就發生在我們的雙耳之間。頭腦便是中央戰區。

夏娃吃下果子之前，曾有過一個念頭：這果子「悅人的眼目，且是可喜愛的，能使人有智慧。」然後「她就摘下果子來吃了。」[1]

大衛王在與拔示巴犯下罪行並使她丈夫遇害之前，曾有過一個念頭：「這婦人容貌甚美。」[2]

瑪麗生下耶穌之前，曾有過一個念頭：「我是主的使女，情願照你的話成就在我身上。」[3]

耶穌選擇上十字架之前，祂曾有過一個念頭：「父啊……願你的旨意成就，而非我的意願。」[4]

我們的念頭形塑了我們的人生。

從歷史上和我們的人生，我們看到的每一項偉大成就或恐怖事件在發生之前，都是先有一個念頭。一個念頭會生出很多念頭，然後發展成一組「心意設定」（心態），而我們常常沒有覺察到。所以，我們的目標是要先覺察到自己的念頭，並有意地將念頭組成「心意設定」，形成心態，從而帶來我們想要、也是神為了我們而想要的結果。

一個敬神的念頭極有可能改變歷史和永恆的軌跡。就像我腦中某個不曾被拆穿的謊言極有可能造成我周圍的世界想像不到的毀滅一樣。

妳吼孩子、逃漏稅或一連幾個小時盯著手機看，這些都不是妳的戰場。

到妳家附近的遊民收容所服務，或在教會做協助停車的志工，這些都不是妳的戰場。

中央戰區——從妳的嘴巴說出來的話、妳生活中做的事之源頭——就在於妳頭腦裡的思考慣性。

妳，不是妳吃下的東西。妳，不是妳做出的事情。

妳，就是妳的念頭。《聖經》說：「因為他的心怎樣思量，他為人就是怎樣。」[5]撒旦知道我們就是自己的念頭，因此，如果我們相信的是不真實的自己，那麼我們就是在相信魔鬼要我們相信的，而不是神要我們相信的自己。

妳或許知道那個妳最常有的念頭是什麼，那個比其他任何念頭更為黏著的念頭，它會促發其它念頭，而且是的，也會誘發妳的行動。

敵人會告訴妳，沒有改變的希望了，妳就是妳的處境和思考慣性的受害者。

敵人要妳安於一種剛剛好可以活下去，可以有點快樂的生活。

敵人會慫恿妳接受「妳就是這樣的人」，妳的思想深深地根植於妳的個性或教養，根本無法轉變。

妳的首要目標是奪回這樣的念頭，要有勇氣去面對這種關鍵的、毀滅性的念頭，並用下面這句話打消它：「我可以選擇」。

請記住，這趟旅程主要並非關乎行為改變，雖說行為改變可能會是它的副產品。

我不能保證這趟旅程會改變妳的處境。妳可能還是失業，還是要對抗自體免疫疾病，還是找不到理想的丈夫。

「奪回每一個念頭」與發生在我們身上的事情無關；而是關乎，即使萬劫不復，仍然選擇相信神與我們同在，而祂永遠為我們著想、也愛著我們。

但我有個更好的消息：奪回念頭，並相信真理，這樣做將會充實、形塑妳生活的各個面向，讓妳超越處境而擁有平安快樂。怎麼做到的呢？因為耶穌會擊退罪惡、撒旦、死亡，從墳墓裡出來，因為蒙福音救贖的男男女女，他們的內在也同樣具有復活的力量。

若從我們現有的處境來看，這趟契入喜樂的旅程，還真是毫無道理。

這是一場目標明確的戰役，讓我們面對猖獗的消費主義。

這是一份神賜的平安，讓我們超越了對受苦時節的理解。

這是在前所未有的困惑和喧擾之中，贖回時間。這是在一個自戀的文化裡，尊重他人之美。這是在一個要我們千萬別得罪人的世界裡，學習用愛說出真理。這是妳在一個充斥著焦慮的社會中，如何做才能深深呼吸、靜靜安眠。這是一種超凡脫俗的生活方式。

妳身為信徒，是另一個實相裡的公民。讓我們學習那一個實相裡的思考方式吧。

在本書這部分，我想提供大家一系列模式。這些模式有助於我安頓身心，從消極的、肉體的、世俗的思維，轉換成使徒保羅所說的超自然卻簡單的思維；也就是，能反映基督心意的思考方式。

當我們抓不到重點，又心煩意亂時，結果就會為了無關緊要的問題爭執不休，竭盡全力作戰卻是弄錯對象，還一點都不知道自己被騙了。如果不謹慎的話，當我們有一天抬起頭來時，會發現原來自己一直打錯了仗。我們會發現自己正是在與屬血氣的爭戰，而《聖經》的以弗所書早已清楚表明：「因我們並不是與屬血氣的爭戰，乃是與那些執政的、掌權的、管轄這幽暗世界的，以及天空屬靈氣的惡魔爭戰。」[6]

如果敵人最厲害的武器是讓人混淆，那我們一有什麼不弄清楚，他就贏了。因此，讓我清楚說明本書這一部分的去向——我們所面臨的問題，所承擔的使命，以及最終將屬於我們的勝利。

問題

每一個惡念、每一個情緒漩渦循環、每一次我們跌落敵人的陷阱，都牽涉到內心深處某個對神的錯誤信仰。

我不想把這個問題複雜化。羅馬書第八章清晰地闡述了這一點：體貼肉體就是死；

體貼聖靈就是生命和平安。[7]這就是我們要面對的一個簡單的真相。

但是，要把我們的心意從肉體轉換為聖靈，這是靈性生活裡持續不斷的功課。這不是一次性的決定，而是日復一日、時時刻刻都要在我們思想慣性的各個面向上，持續地選擇從慌亂困惑轉向基督的平安。

我們即將在此討論的每一個敵人都可以追溯到一個核心真相，那就是，要為我們的生命開戰。橫在我們與勝利之間有三個障礙，有時只有一個，有時三個都有：

- 魔鬼
- 我們的傷口
- 我們的罪

有時是撒旦直接來攻擊，他的策略很露骨。他會用邪惡之事誘惑妳，而且他喜歡讓人受苦。但是，通常他都是偷偷摸摸的。他會用成功誘惑妳，用安逸催眠妳，直到我們對所有重要的事情都變得麻木冷漠為止。[8]

由於我們生活在一個墮落的世界，所以「破碎」是我們的家（反正，現在是這樣），這點也同樣是真的。這樣的真人實事隨處可見。在破碎的家庭，在似乎永遠無法滿足的渴望中，我們在所遭遇的處境裡不斷吶喊著：「事情不應該是這樣的！」但是，我們卻不知不覺，因為我們所知道的家也只有這裡。我們往往會帶著在破碎中所受的重傷繼續生活，卻不太留意傷口，也從不處理或療癒它。

但是，與前兩個障礙一樣困難的是，我們在人生中最常見的難題是以罪行的形式出現的。特別是我們的罪——就像妳我都會做的事；或不去做的事，要視情況而定。

妳我大多都不會遇到惡魔大舉進攻這種事。我們自己的各種小小選擇，就已經在幫助魔鬼達成他想要的一切了——我們的消極和毀滅——惡魔根本無需努力。他只出來「偷、殺、滅」。[9]

老實說，攻擊的背後是三者之中的哪一個，這點通常是很難確知的，但基本情況是：**魔鬼一直在發動攻擊！**

因此，我們需要制定目標導向的策略。

使命

為了捍衛自己，在戰鬥中所面對的每一個特定敵人，我們都要學習說出他的名字。我已經確認了有七個敵人，他們肆無忌憚要占領我們的心意。我們將學習在對的時間，使用對的武器來戰勝他們，重新享受與耶穌建立的親密關係，並享有比以往更大的自由。

吁。大任務。

感謝為我們著想的：大神。

我們將列舉出威脅我們的謊言。我們將學習找出被吸進敵人陷阱中的跡象。我們將學習為保護自己的心意作戰。當我們選擇將自己的念頭移轉到神、移轉到祂是誰的真理、移轉到我們因祂而成為我們的真理時，我們就會知道所發生的事。當我們活出真理時，我們將學會把握團體、服務和感謝這樣的事情。最終我們將取得勝利。

這讓我想到了能確保任務完成的祕密武器。

屬於我們的勝利

在申命記第二十章中，神提醒以色列人，在戰鬥中祂與他們同在，祂與我們同在：「以色列人哪，你們當聽！你們今日將要與仇敵爭戰，不要膽怯，不要懼怕戰兢，也不要因他們驚恐。因為耶和華你們的神與你們同去，要為你們與仇敵爭戰，拯救你們。」[10]

準備聽好消息了嗎？因為耶穌在十字架上的犧牲，神也把我們所面臨的爭戰當作是祂的爭戰。由於耶穌的緣故，每一次的爭戰最終都獲得了勝利。勝利？早已經是妳的了。早已經是我的了。

我們接下來要做的就是，去認領這項勝利。我們要看看兩邊，一邊是我們心意的敵人，一邊是放我們自由的真理。如果神在我們裡面，如果神為我們著想，那麼妳我便可選擇從勝利之處爭戰。我們可以確信神會取勝。

我們討論了「奪回每一個念頭」是什麼意思，也談了那個「打斷惡念」的方法：「我可以選擇」。現在，我們即將討伐的是那些抹黑自己的、不受控制的念頭。一旦能打斷這種念頭，我們就會進入中立地帶。

然後，我們決定要選擇生命與平安，基督的心意，聖靈的果子，或者要選罪與死，肉體的心意。

在接下來的七個章節中，我們將重新訓練自己的心意，認識真理。與每個扭曲的惡念爭戰時，我們會看到相信真理後的果子與自由，時時刻刻都以神的兒女的身分行走於世。長久以來困住我們的混亂念頭漩渦會消退，而平安、美麗、豐盛的生活會興起，這也就是耶穌死去所要給予我們的生活。

對呀，對呀。與神安靜相處的時間。

妳看過我的行事曆嗎？

我不算是個

「需要空間愛孤獨」的人。

如果太安靜，我會瘋掉。

比起幫助我解決我的小問題，神肯定有更好的事情可做。

我沒有時間放慢腳步。

把待辦事項都辦完，我會覺得好些。

8 有靜默的空間

我選擇與神，同靜默

不久前，有位朋友與我聯繫。她的情緒漩渦狂轉，可以看出來都影響身體了。她說話時，我用雙手抓著她的兩臂外側，想要撐住她，讓她平靜下來。她的婚姻走到了死胡同。她有個孩子，所言所行就是在角色扮演她的婚姻問題。她的生活節奏讓她快瘋掉。她也和好友之間產生誤會，導致關係破裂。

聽她描述著這些難題時，我知道在那一刻我並沒有力量平息她的漩渦。儘管有十幾個實際問題有待解決，但去解決之前，她只需要能讓她平靜下來的那件事。「我愛妳，」我看著她的眼睛說：「但妳現在需要耶穌。」

對，我們會有時間交流。

對，我會盡我所能幫助她。

對，我朋友在探索前方道路，她很需要閨蜜打氣。

但現在，首先，就在這漩渦來勢洶洶的當口，她此時需要的是「與神獨處」。她需要的東西只有耶穌才能給。

我說：「好，那我離開一下，讓妳和神獨處三十分鐘。」

她說好。

寂靜不動中，我們不僅與神連結，而且還能夠更清楚地辨識問題所在。辨識我們的漩渦，並說出它的名字是打斷漩渦的第一步。

她本來一直陷在漩渦中狂轉，拚死拚活要找出答案，但是我二十四小時後再去看她時，她只告訴我一件事，那就是她有二十個理由沒辦法與神獨處。

哦，我懂了。我也曾經這樣！

對我們靈魂長遠的健康而言，這件最簡單、最好的事情，為何怎麼都做不到？

我來告訴妳吧：因為與耶穌真實連結的親密時光，是能讓我們增強信仰、轉換心意、喚醒靈魂，並讓我們與他人分享耶穌的關鍵。這正是漩渦停歇之處。

直接了當地說：所有魔鬼都在反對我們與耶穌相會。

逃進忙碌裡

我曾有十八個月的時間充滿了疑惑鬱悶，除了學習並準備《聖經》教學以外，我幾乎沒有另找時間單獨與神同在。我通常會熬夜到很晚，隨後的疲憊就用咖啡來壓，然後在恍神的一天中再補充更多的咖啡。我那不太清楚的腦袋所想的是，如果可以保持忙碌，那我就不會被疑惑所困。如果我不要集中精神，就不會感到痛苦。

因為如果我放慢腳步，看著我的靈魂，我內心所有需要解決的煩惱可能會讓我窮於應付。我可不想聽到神想對我說的話；而神若保持沉默、隱藏祂自己，加深了我懷疑祂的存在、祂的愛，這點我也不敢去了解。

我們有很多門路可以逃避靜默，我們選擇用這麼多種噪音來填補靈魂空虛的缺口。社交媒體只是顯而易見的一種。我們在車子裡不斷播放音樂，或戴上耳機繼續聆聽。我們把自己認為應該做的所有美好事情全擠進行事曆裡。我們在各種委員會和吃力的工作之間走跳，還要想辦法保住不切實際的朋友數量，心中卻感覺孤立。我們經常為神做很多事情，卻鮮少與祂會面。而且，我們總覺得事事不順利。

在百忙之中，已經不可能聽到祂的聲音說：「妳們要靜默，要知道我是神。」[1]

我們要逃開的是什麼？是什麼東西，讓我們無法為自己迫切需要的靜默，開闢出空間和時間？

準備好了嗎？

是的，我們很忙、雜念又多，靜默坐著又該死的太難了啦。

但是我們怕面對自己，接著也怕要面對神。好怕被發現到什麼。

我們都忘了祂不僅愛我們，也真心喜歡我們。

是的，祂知道一切；詩篇說祂甚至在我們想到之前就已經知道了我們的每一個念頭。[2]

但不知何故，祂與人類不同，祂對所有一切都很慈悲。

可是，我們就像伊甸園中的亞當夏娃一樣，發現自己赤裸，又害怕人生，所以就選擇躲起來。

我們擔心被發現的是什麼呢？我從自己的生活，以及從我所認識的、所愛著的人身上，以下是我看到的一些可能：

一、害怕被推去做事。單獨與神會面後，會出現一些行動選項，而這些正是我們一直在努力不讓它們浮出檯面的事情。需要原諒冤枉妳的人嗎？要去接觸妳傷害過的人嗎？要兌現妳一直以來假裝忘記的承諾嗎？靜默下來與神會面後，妳將會想起的這類事情，也許有一千件之多。

二、害怕被要求做出改變。更糟糕的是，如果獨處後所揭示的不僅僅是需要採取特定行動，還需要悔改範圍更為廣泛的個人問題，那又該怎麼辦？譬如說，每天晚上需要自我麻痺的生活習慣。愈來愈常對孩子吼叫。人家付妳薪水去工作，妳卻一直在滑臉書。如果聖靈能幫助我們評估生命品質，而我們卻不去找出時間來，那我們就是在說服自己根本不必評估生命品質。很容易，對吧？對啊。但這並非上策啊。[3]

三、害怕自己在世上孤伶伶一個人。顯然，這一個最為切中要害。為什麼在那十八個月期間，我會拒絕練習獨處？因為我害怕如果我去接觸神，我與家裡的人會變得疏遠。但我現在很後悔當初沒有快一點拉近距離。

靜默時間也沒那麼安靜，好嗎？周圍的噪音逐漸褪去時，實際上我們的頭腦會變得更吵。

每一個恐懼的背後都有這個謊言：我無法以真面目與神會面。一開始我們能看到的就是一團糟。真相是：我們全都搞砸了；我們每一個人。這就是為什麼我們需要獨自與神會面，在靜默中我們可以聆聽祂療癒的聲音。在混亂及靜默之間，在喧鬧及「與神獨處」之間，在拒絕與療癒之間，我們可以做出選擇。

那麼，為什麼說繼續相信這個謊言很危險？因為人類無法永保中立。我們要不是在走向某個目標，就是在遠離它。

自我逃避的解藥是向那「唯一的神」奔去，祂能幫助我們克服自我。謊言是「我們將會蒙羞」。真話則是，神是造物者，是宇宙的最高統治者，祂戰勝罪惡和死亡，而這位神，跟那位想在妳痛苦、懷疑、受辱和其他情況下仍與妳同在的神是同一位。「神的恩慈之用意在於領妳悔改。」[4]

謊言：我覺得注意力分散比較好。

真相：只有與神同在讓我心滿意足。

在妳的院宇住一日，勝似在別處住千日。[5]

我選擇在靜默中與神同在。

我再次開始與神接觸時，對我來說格外清楚的一點是，我對與神連結的恐懼是完全沒有根據的。這本來就不是什麼會讓人嚇一跳的事情。如果我要妳接著說完這句話，「我們親近神的時候……」，之後必定會發生什麼事？「祂會親近我們。」

這句話摘自雅各書第四章，這段經文告誡信徒不要被世道所壓制了。這位使徒寫道：

「豈不知與世俗為友就是與神為敵嗎？所以凡想要與世俗為友的，就是與神為敵了。妳們想經上所說的是徒然的嗎？『神所賜住在我們裡面的靈，是戀愛至於嫉妒嗎？』但祂賜更多的恩典，所以經上說：『神阻擋驕傲的人，賜恩給謙卑的人。』妳們要順服神。務要抵擋魔鬼，魔鬼就必離開妳們逃跑了。」[6]

然後他總結道：「妳們親近神，神就必親近妳們。」[7]

當我們在神面前謙卑，完全順服祂的時候，無論是什麼事讓我們遠離，無論我們在離開時做了什麼，或我們放任這個鴻溝擴大有多久了，我們會發現祂一直都在那裡，等著我們回去。

我們可以選擇

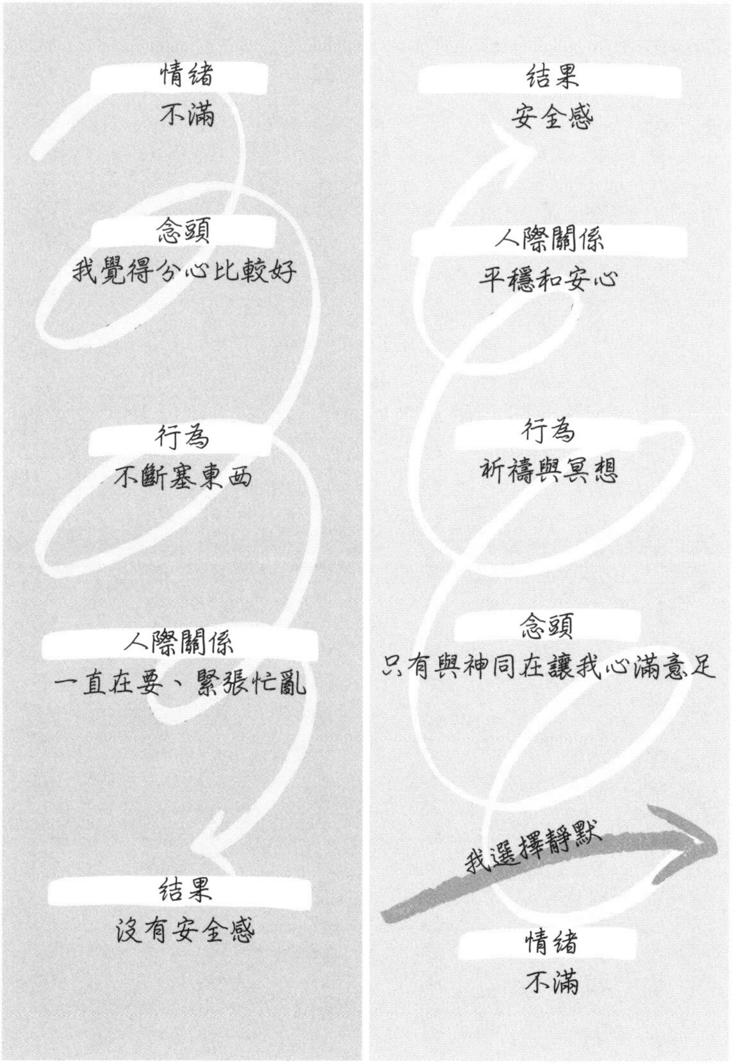

情緒
不滿

念頭
我覺得分心比較好

行為
不斷塞東西

人際關係
一直在要、緊張忙亂

结果
沒有安全感

结果
安全感

人際關係
平穩和安心

行為
祈禱與冥想

念頭
只有與神同在讓我心滿意足

我選擇靜默

情緒
不滿

關注力的力量

朋友啊，我們實際上就是為了靜默而生的。神用這種設計創造了我們，而科學上也證實了此一設計。根據神經神學（neurotheology）這個新興領域的研究，提升心靈首重「與神獨處」的時間，而第二重要的「靜默冥想」簡直會讓我們換一顆腦袋。

當我們不再持續分心，而是靜默地坐在神面前，專注於祂的話語，並加以深思熟慮時，有一些事情會發生：

- 妳的大腦將發生生理上的變化。「科學家發現，在祈禱和冥想上花費無數時間的人，他們的大腦與常人大不相同。」[8]
- 妳的想像力將煥然一新。「會有積極的念頭來打擊不恰當的念頭，例如會想到新的興趣、聽音樂、複誦鼓舞人心的名言，或進行其它的正向活動，」「聖約之眼」(Covenant Eyes) 的山姆．布萊克 (Sam Black) 如此寫道。[9]
- 那種在放鬆時會出現的腦波增加，焦慮和憂鬱的腦波則會減少。「多項研究顯示，做過短暫冥想的受試者，他們的阿爾法波（放鬆的腦波）會增加，焦慮和憂鬱則減輕。」[10]

■ 妳的大腦可以更長久地保持年輕。「加州大學洛杉磯分校（UCLA）的一項研究發現，長期冥想者隨著年紀增長，其大腦機能維持得要比非冥想者更好。」[11]

■ 妳會比較少出現念頭四處遊蕩的情況。「過去幾年來，有一項在耶魯大學進行的研究非常有意思，他們發現「正念冥想」會降低「預設模式網絡」（DMN）的活動；「預設模式網絡」是啟動「放空」和「自我參照」的大腦網絡，又稱為『心猿』（monkey mind）。」[12]

■ 妳的觀點最終會轉換。「當我們花時間聽神對我們說的話時，」《聖經》教師查爾斯．史坦利（Charles Stanley）寫道：「我們會看到祂有多愛我們，有多想在每一個生活場景下幫助我們。祂給我們信心，讓我們依靠著祂的聖靈和恩典的力量過著不凡的生活。」[13]

回顧掃羅在前往大馬士革的路上遇到耶穌的事，妳會發現，把所有會分心的事物（不僅僅是食物和水，還包括視力）從他的生活中移除之後，他有生以來第一次可以清楚看見了。我們也像掃羅一樣，當我們把念頭從種種問題轉向唯一掌握解決方案的那一位時，我們便獲得了原本沒有的智慧。否則，我們無法獲得此等見識。我們找到了這一位，祂願意幫助我們，也有能力幫助我們，也因此祂的介入將會是獨特而穩妥的。

我們會開始清楚看見事物的真相，而不是表面上看起來的那樣。有多少次我們只憑著最壞的情況就編出了整套故事情節？有多少次僅僅因為有人往旁邊瞥了一眼，雖與我們無關，也能想像成他在不爽我們？

我們基於假設和過度想像構建了整個故事，而後，情節還會自行開展延續。這都是因為我們關注了恐懼、關注了令人分心的事物、關注了最壞的情況所致。

有人說，我們擁有的最有價值資產是關注力，我認為說得沒錯。那接著就要問：我們要關注什麼？

我們正在關注自己的恐懼嗎？還是說，我們正在關注那承諾與我們同在的神？

我們正在關注自己的猜疑嗎？還是說，我們正在關注那永遠不變的真理？

我們正在關注著自己的控制欲嗎？還是說，即使眼前的現實世界突然陷入混亂，我們仍在關注著神為我們所做的計畫？

我們正關注著，與他人比較起來，自己如何嗎？還是說，我們正關注著，因為神為我們所做的一切而心生的感謝？

我們正關注著對健康、銀行戶頭、事業、配偶、孩子們、遺憾、過去種種的擔憂？還是說，我們正關注著永生的神？

我選擇靜默。

以我的經驗而言，我們可以關注這一個或那一個，但不可能同時關注兩者。我們若關注壓垮我們的事物，就不會負起基督的輕擔。耶穌說：「凡勞苦擔重擔的人可以到我這裡來，我就使你們得安息。我心裡柔和謙卑，你們當負我的軛，學我的樣式；這樣，你們心裡就必得享安息。因為我的軛是容易的，我的擔子是輕省的。」[14]。祂說，到我這裡來。保持靜默，要知道我是神。

先看一下「圖享」（Instagram）

我的週一上午。已經打發孩子們上學去了，我渴望與神獨處，渴望神給我祂的意見、祂的智慧、祂的力量。如果我天生的設定有所不同，那我會在送完孩子們到校後直接回家，倒一杯熱咖啡，把自己塞進客廳的超大椅子裡，在靜謐的環境中安頓下來，然後開始與祂交流……可是，我就是我啊。

我是把車頭對準我們教會，然後（合法地）盡快抵達。

我們教會腹地廣闊。停車場很大。禮堂很大。禮拜堂很大。咖啡吧那一區？也很大，意思就是這裡隨時有川流不息的人。我超愛一大群一大群的人，即使我日常上午的目標是要追求獨處。我停好車，走進去，在有遮光罩的露台上琢磨著選出一張桌子，點一杯咖啡，然後慢慢把自己放倒在斜背的木椅上。就在我的後背要碰觸到椅背之前，就聽到有朋友邊叫著「珍妮！」邊朝我這邊前進。啊，是好朋友來著。妳好、妳好！

與這位女朋友聊天時，另有一位朋友也到了，就走過來小聊了一下。第一個女朋友先告退去接個電話時，第二位朋友有個熟人剛好路過，於是也來自我介紹一番。社交活動就這樣延續著，川流不息的互動聊天。我朋友恰巧經過，然後她的一個朋友也停下來與我倆交談，就在不知不覺中，已經去了半小時。沒關係。事情總是這樣的。像我這種頑強的外向性格，也是要這樣才能做事情的。

當這些舊雨新知各自去進行她們當天安排好的計畫或談話後，我則重回到木椅的懷抱。從背包裡拉出耳機；這支又大又舒服的耳機讓經過的人看到後，心中完全不會懷疑我「正有別的事在忙」。我把耳機輕輕掛在耳朵上，拿出《聖經》、筆記本和筆，在接下來的三十到四十分鐘，我要與活生生的神會面。好哦，那就先去「新聞訂閱」和收件匣溜一圈吧，接著是圖享、電子郵件、臉書，再回到圖享。

嘆。老實說，在過去一年裡，我為了奪回自己的念頭所做的一切努力當中，就屬這事最難——坐下來、一個人、安靜。同時，自烏干達之旅返家以來，對我來說最有用的一招就是這個習慣，亦即「與神獨處」。這就是為什麼我想在對抗世俗思考模式的一開始時，也用這招來解決。

這就是我們的思考慣性發生變化的地方。要使用神所給予的工具去對付敵人，「與神連結」是最基本的。**我們從「與神連結」出發，因為如果想要神奇的改變，那就得去找神奇的神。**

我想更仔細去看加拉太書第五章，保羅在其中描述了「躲避或靠近神的臨在」這兩者的影響。他寫道：「我說，你們當順著聖靈而行，就不放縱肉體的情欲了。」「因為情欲和聖靈相爭，聖靈和情欲相爭，這兩個是彼此相敵，使你們不能做所願意做的。但你們若被聖靈引導，就不在律法以下。情欲的事都是顯而易見的，就如姦淫、污穢、邪蕩、拜偶像、邪術、仇恨、爭競、忌恨、惱怒、結黨、紛爭、異端、嫉妒、醉酒、荒宴等類。我從前告訴你們，現在又告訴你們，行這樣事的人必不能承受神的國。聖靈所結的果子，就是仁愛、喜樂、和平、忍耐、恩慈、良善、信實、溫柔、節制。這樣的事沒有律法禁止。凡屬基督耶穌的人，是已經把肉體連肉體的邪情私欲同釘在十字架上了。我們若是靠聖靈得生，就當靠聖靈行事。不要貪圖虛名，彼此惹氣，互相嫉妒。」[15]

好啦，看看這一長串情欲的事，要給自己一個大致上可過關的及格分數，很容易吧。因為我不太會被邪術、醉酒、荒宴等誘惑，所以在情欲方面的事，我就放自己一馬了。但其實，我有心愛的「網飛」（Netflix）、我的孩子們總惹我生氣惱怒，我還曾與神分離一年半之久。

我以前有多需要祂的臨在。

我現在仍然需要。

為什麼？因為即使在我最風光的時候，與「祂說我可以活」這個事實相較也遜色了。妳也一樣。

保羅說，因為聖靈的果子是我們新的存在之道，所以我們可以成為仁愛的人——不只是偶發，而是有意的。

祂說我們可以成為喜樂的人。我們可以成為恩慈、耐心與平安的人。

祂說我們可以是良善的。這不是要得到什麼了不起的全部打勾一百分，而僅僅是因為我們的父就是良善的。

祂說我們可以是信實的。我們不必在自己的信仰中擺盪。嘿，我多希望一年半前能堅守住這個真理。靠著神的恩典，從今往後，我將堅守。

祂說我們可以是溫柔有節制的。

但是，如果不是只問可不可能，而是妳我要真的在每一天時時刻刻的現實中就這樣活著，那我們就必須靠聖靈引導，而不是讓自己被亂七八糟的念頭慫恿著走。換句話說，我們迫切需要與神同在的時間。

「父親，」我們可以對祂說：「請幫助我看清楚，不是看事情的表面，而是事情的真相。」

妳到底在想什麼?

有一次，我們一群人在談論要找出與神會面的時間，而不是被讓心思被分散。我的朋友卡洛琳（Caroline），她是附近一所大學的大四生，她對我說：「珍妮，我知道我應該思念著神，而不是想著那些亂七八糟的。那我問一下：妳每次想著神時都在想些什麼啊？」

我邊把背往後靠，邊想著這房間裡最年輕的女孩可真不簡單，她剛剛切入了真正的核心問題了。在關於冥想著神這個重大議題上，可不能用陳腔濫調隨便打發。如果最終這是一個與基督同在的召喚，那麼，實際上要怎麼做才能做到這一點呢？

還記得我之前請妳做過「心情故事圖」，讓妳練習注意自己正在感受的主要情緒，及其發生原因？讓我來告訴妳，在神面前時這種靜默、獨處的練習，正是我們的基礎策略，可以打斷各種問題念頭的模式。當妳看著自己的心情故事圖時，可以想一想，單純地「想著神」何以能轉換這種念頭漩渦。

假設妳因為工作上某些狀況而陷入一堆壓力和焦慮中。惡念漩渦很可能會以下列方式在妳的心意中翻騰：

- 因為我有太多事情要做，所以不知所措。
- 因為我應獲升遷卻落空，所以很難過。
- 因為我的專案進度落後，會讓大家失望，所以我憂心忡忡。
- 因為我的老闆是太龜毛，所以我很洩氣。
- 因為她沒禮貌，所以我很氣。
- 因為我工作好幾個小時，卻仍然無法維持生計，所以我覺得壓力好大。

好，妳看在每個念頭當中都有一種模式：

因為（原因），所以（負面情緒）

- 因為我工作好幾小時了，所以覺得壓力好大。
- 因為老闆不信任我，所以我很洩氣。
- 因為她沒禮貌，所以我很氣。

我希望妳在本章以及接下來的幾章中看到的是，帶著神給我們在「心意保衛戰」中所使用的每一種武器，我們可以重寫這種模式，並奪回神給我們的力量。易言之，我們可以使用以下的新模式，在認知上重塑自己的處境：

（負面情緒）和（原因），所以我會（選擇）[16]

- 我很難過，我沒得到升遷，所以我會選擇，記得神並沒有忘記我。
- 我很生氣，她沒禮貌，所以我會選擇，冥想神對我的恩慈。
- 我不知所措，我有太多事要做，所以我會暫停並選擇感謝神，因祂存在於時間範圍之外，且讓我有力量去完成需要做的部分。
- 我有壓力，我擔心自己的財務狀況，所以我會選擇祈禱，而不是恐懼。

當妳卡在一堆分心事物的下行漩渦時，妳要把念頭轉到哪一項真理，才能戳破謊言，亦即「在神面前靜默下來那樣的滿足感，做其他事情也都可以啊」這種謊言？

在我們教會上查經班研究腓立比書時，我朋友瑞秋（Rachel）朗誦了她之前寫的一篇關於「守護內心、留意念頭」的短詩，讓我們大家驚嘆連連。

瑞秋一開始讀詩才幾秒鐘，我便意識到我在生活中的用字或許可以更精簡些，因為她把我五週以來的教學內容概括得如此饒富詩意。每個人對她所說的話都有共鳴，這意味著我們雖有各自的漩渦，卻不孤單。難道我們大家打的是同一場爭戰？以下是她與我們分享的內容：

心意故障了。

心意奔、跑、飛也似地，帶我去了好多地方，讓我耗盡、渙散、還引誘我，讓我相信自己不夠好，不夠不夠……永遠都不夠。

妳必須奮鬥才能在這個理想、形象、偶像和標誌都在不停轉變、不斷演化的世界中倖存、成長、活下去。

妳得努力活出自己的價值、清理自己、多做些、變得更好些，別示弱、要硬起來、努力做足、收集一堆堆寶物飾品之類。這樣或許就有人愛妳了。

是的，心意故障了。

要是一不留神，任其所為，心意便要襲擊妳、抓拿妳、困住妳、讓妳卡關、讓妳只知道有自己、讓妳沉睡、被奴役。

但是「若有人在基督裡，他就是新造的人。舊事已過；都變成新的了。」妳的心意不需要失控。

這種念頭、小循環、漩渦都可以平息。

妳並非手無寸鐵；妳有工具可以打斷那些要競速、狂飆、講不完、焦躁、無盡、重覆、挫敗、分心、迷失方向、耗弱、控制欲的念頭。

對！妳可以戳破謊言，不再受制於謊言，這些謊言是敵方在黑夜裡射來的箭。它們針對妳而來，卻不想要妳了解它們。妳有神的話語，妳有光，妳有生命。

醒來吧，看事情的角度扭曲了，讓妳絕望到只顧妳自己。

反而，應該要調整妳的眼光去看到、知道並理解真正重要的是什麼。

如果妳在基督裡，便有勝利，所以妳不是自己心意的受害者。

一位愛著妳、了解妳、看著妳的神，向妳表明了神的愛，這種愛是天性，是親密、私密又愉快的，讓祂甚至願意痛苦地選擇捨去一個孩子來與全人類和解。「唯有基督在我們還做罪人的時候為我們而死。」

很難完全了解祂的堅定、祂的慈悲、祂的恩典那種廣大無邊，可以超越妳我曾犯下的所有錯誤，並將我們從深陷的困境中拉出來。如果真正認識祂，妳會愛祂。妳會相信祂。並且，任何念頭如果會扭曲、阻撓、會讓妳的心意從真實、光榮、公正、純潔、可愛、值得稱讚的一切中脫離，妳便會除去這種念頭的種子。

是的，心意故障了。

但是神的靈在心意更深處駐留。

祂的話音更為真實地迴響著。

因為在基督耶穌裡我們是自由的。[17]

我們是自由的。我們會覺察到這個真實，並與祂並肩生活嗎？還是會停留在故障的心意中？

我們可以選擇。

我就是不討人喜歡。

如果別人知道我把事情搞得多糟糕，他們一定會跑掉。

我真的不是個能和人打交道的人。

我一直都獨來獨往，我喜歡那樣。

別人並不在乎我經歷過什麼生活。

沒有人真正了解我。

人們沒必要知道我的問題。

9 生命的點與線

我選擇為人所知

我兒子庫柏曾在盧安達山區某個孤兒院度過了他人生中的頭四年，澤克和我在領養他之前接受了「領養培訓」。其實也不是真有領養培訓這種課程，而是我們這樣子在訓練自己。我們從未領養過孩子，所以熱切地聆聽每一場演講，覺得非得把這事給辦好不可。

這些年下來，我在那些課程中所學到的東西，有一大部分都已不復記憶，但是有一堂課深深銘刻我心，那種深刻讓我覺得我會永遠記得。那堂課說的是：「如果想讓你的孩子成長茁壯，那就讓他（她）覺得有被看見，有被愛著。」

覺得有被看見、被愛著——這絕對是我們得以發展、茁壯的一切基礎架構。如果沒有這個，我們周圍的一切就會變得沒有意義、毫無希望。正如諮商老師兼作家賴瑞・克拉布（Larry Crabb）所寫的那樣：「人們最相信的謊言是，別人無需認識我們，我們可以直接認識神。」[1]

我們生來就是為了被看見、被愛。

我在計劃寫這本書時，曾經夢想著它會有很大的影響力。還記得我有位朋友，她超迷我所說的那些神經學的東西，還有我想讓「全美國的人都能將心意提升」的願景。我曾告訴她我要讓一群又一群的廣大人民意識到，自己確實能夠奪回念頭，讓整個廣大世界終能拆除營壘等等。我對自己投射的願景熱情洋溢，甚至於說到詞窮結巴。我朋友耐心聽著，在我不得不喘一口氣時，她接著說：「珍妮，妳知道嗎，沒有人會只因為一本書就改變啦。」

啊。天外飛來一拳，重擊的痛。哎呦。

當然，我朋友說得對。我們不能只蜷縮在沙發上讀書、祈禱，然後就主觀地要自己的心意發生轉變。神不僅關心我們的心境，也關心我們雙手所擁抱的人們。要履行我們今生的使命，也無法只靠自己就完成什麼有價值的事。

神本身就存在於共同體，「三位一體」即為父親，兒子和聖靈。三個人，同一位神。完美的共同體。因為神自己就是以共同體存在，所以祂把我們也打造成是需要共同體的。使徒保羅也曾就我們應如何與人相處給予了許多指導：「愛弟兄，要彼此親熱。恭敬人，要彼此推讓。」「要彼此同心。」「要同心合意；要彼此和睦，和平相處。」「不可將你們的自由當做放縱情欲的機會，總要用愛心互相服侍。」「並要以恩慈相待，存憐憫的心，彼此饒恕。」[2]

我注意到，我們傾向於將「共同體」這個訓示視為一種建議。我們可能會試試看，但是情況變得困難的時候，便會將其擱置一旁。

共同體是不可或缺的。我們身處的世代都在崇拜「獨立」，但這正是神呼召我們要遠離的。整部《聖經》有一個假定：共同體是，一個跟隨神的人，他生活當中的一個基本事實。在舊約中，共同體在族群中發展，而在新約中，共同體擇在當地教會中發展。我們是村裡的村民，生來就是要為人所知、為人所愛、為人所看見。即使沒有完全做到，但幾乎每一個世代的人群都會聚集在「共同體」（社區）裡，以實現這一目標。

時至今日，還是有很多人住在村子裡。我和丈夫最近去歐洲，到了小村子裡的一家雜貨店。站櫃檯那個人想知道我們是誰，從哪裡來的，因為每個到他店裡的人他都認識。我們就是外地人。

我們——身為教會一份子、身為美國人、身為女性——是否會把自己看作是村民，是會被認識、被注意、被愛著、被看見的人？我想我知道答案。我覺得答案是否定的。

想要「自己來」是誘惑

第一個敵人是「分心」，它不讓我們尋求神的幫助，來解決我們頭腦中的混亂。第二個敵人「羞恥」，它不讓我們拉別人進來幫忙。

待在懷疑的漩渦長達十八個月時，我並非有意讓自己孤立；我只是沒有——大聲地——到處告訴別人我正在經歷些什麼。

我的朋友柯爾特．湯普森（Curt Thompson）是位精神科醫師，關於大腦的所有事情，他總是有很棒的想法。他說，無論人在外表上看起來有多堅強，在這個地球上的每個人心中都深植著恐懼，而且日日深受其擾。恐懼低聲說，*如果真有人瞭解妳，他一定會離開妳*。這是關於「羞恥」的謊言。這個謊言會撼動妳的自我價值，這個謊言會讓妳一遍遍提醒妳自己，妳不想讓別人看到真正的妳。

恐懼會用什麼確切詞語來抓住妳，我並不知道，但是如果妳也像我多年來面談過的無數女性一樣，那種恐怖嘲諷聽起來可能是這樣的：

- *如果人們知道我做了什麼，他們會不想跟我有瓜葛。*
- *如果人們看到了真實的我，他們會從另一條路逃走。*

■如果人們知道我都在想些什麼念頭，他們會把我從他們的生活中驅離。

或者，這種恐懼的聲音是更難捉摸的：

■為什麼我要拿自己的問題打擾別人？

■我自己可以處理。

■不管怎樣，讓某人進來，會有什麼好處？

聽信懷疑自我價值的謊言時，我們自然會躲開他人。在許多情況下，我們的疏離行為的確將他人推開時，就會更恐懼被拒絕。這是個典型的思維陷阱，一種自我實現的思考模式，在這當中，我們的不安全感助長了孤立感，而反過來又坐實了這謊言，認為自己一文不值、沒人真正了解、也沒人在乎我們。覺得自己不被看見，也不被愛，並且為了保護自己免受更進一步的排拒，我們不讓任何人靠得夠近，近到足以改變我們的看法。

漸漸地，我們接受了這種謊言，亦即我們必須靠自己過日子，我們必須孤立自己，免得還得冒「被曝光、被拒絕」的險。

然而，事實是，按照聖潔的神的形象，我們被創造了，祂具體傳達了共同體的意義，並邀請我們成為祂的家人。我們是為了體現共同體而被創造的。

謊言：我可以解決自己的問題。

真相：神創造我，是要我過「被認識」與「被愛著」的生活。

我們若在光明中行走，如同神在光明中，就彼此相交，他兒子耶穌寶血也洗淨我們一切的罪。[3]

我選擇被認識。

連結是內建本能

與他人連結是我們身體的內建本能。妳聽過「鏡像神經元」嗎？與朋友面對面坐著喝咖啡時，妳們倆的鏡像神經元系統會發放衝動。朋友微笑時，妳的神經元就會起作用，讓妳體驗到與微笑相關的感覺。

鏡像神經元有助於妳與他人同感。如此，同理心就不是一種人為反應，而是人體彼此之間的自動反應。有位研究人員甚至說，實際上「不一致」的問題並不存在，他寫道：「與其說『自我』是我們深信的那個攻不破的私人堡壘，還不如說『自我』是發揮

我們可以選擇

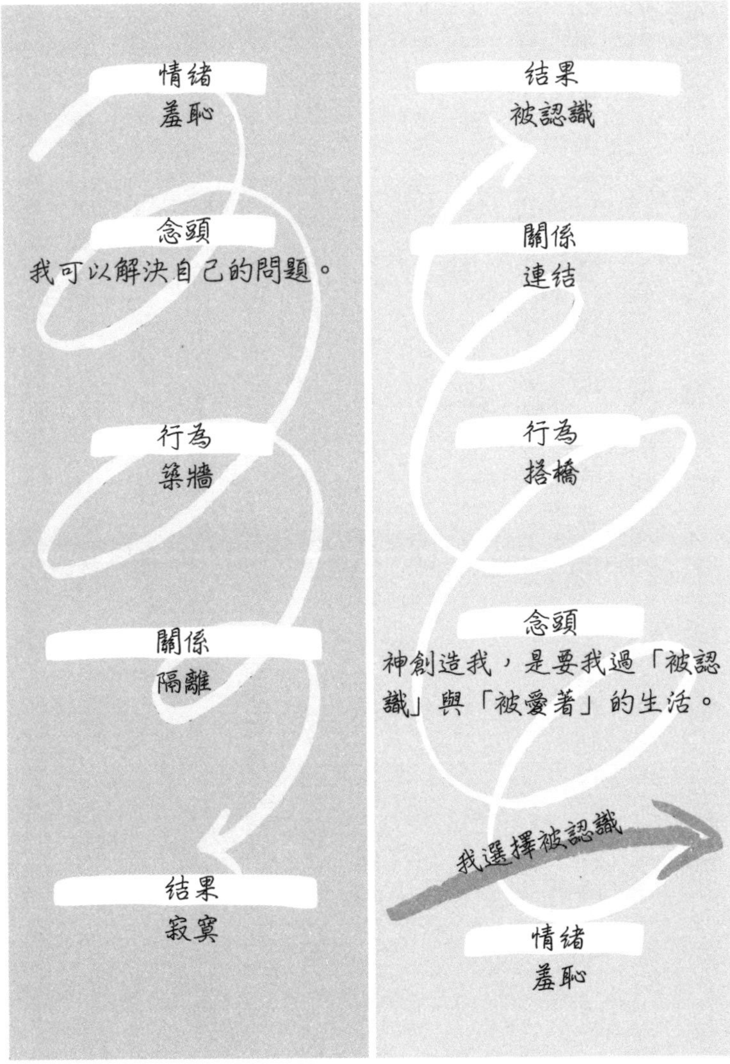

情緒
羞恥

念頭
我可以解決自己的問題。

行為
築牆

關係
隔離

結果
寂寞

結果
被認識

關係
連結

行為
搭橋

念頭
神創造我，是要我過「被認識」與「被愛著」的生活。

我選擇被認識

情緒
羞恥

社會影響力的高速公路。」[4]

而且，儘管妳我都知道，從嬰兒期到現在，人際關係一直影響著我們的許多方面——有位持有證照的諮商師認為，幼保人員的反應是嬰幼兒心智成長的「大腦食物」[5]——然而，「不與人連結」會如何改變我們大腦，就不是那麼明顯。

當妳感覺到朋友拒絕妳或不待見妳，這時妳大腦啟動的部分，與妳身體疼痛時所激活的大腦部分是一樣的。[6]也許這就是為何分手與斷交真的都會有疼痛感的原因。

當妳我感到孤立時，便會切換到自我保護模式。對於挑錯時間又說錯話的朋友，我們會比較嚴厲地回應他，對我們的專案稍有微詞的同事，我們會對他戒備防衛。孤獨會讓我們以為一切都是威脅，即使根本沒有真正的威脅也會如此。

孤獨與心臟病有關。也與憂鬱有關。

還有慢性壓力。還有睡眠品質不好。[7]

如果我們想完全以耶穌祂自己所示範的方式生活，那麼我們將一起度過人生，而不是選擇自己過就好。我們不是生來獨自慶祝勝利的。我們不是生來獨自承受苦難的。我們不是生來獨自走過生命中的日常的。我們不是生來獨自面對自己的念頭的。（最後那一句，妳和我一樣感到開心嗎？頭腦、心意會是一個多恐怖的地方啊。）我們生來是要伸出雙手、連結、保持聯繫的。我們生來是要在光中共同生活的。

使徒保羅把這種生活方式描寫得很美：

「你們如果在基督裡有任何鼓勵、任何愛的安慰、任何聖靈裡的契合、任何情感和憐憫，你們就要同心合意——愛心一致、靈裡一致、意念一致，好使我的喜樂得以滿足。」[8]

至於這在我們的互動當中會是什麼樣子，他也提供了明確的方向：

「所以你們既是神的選民、聖潔蒙愛的人、就要存憐憫、恩慈、謙虛、溫柔、忍耐的心。倘若這人與那人有嫌隙、總要彼此包容、彼此饒恕；主怎樣饒恕了你們、你們也要怎樣饒恕人。在這一切之外、要存著愛心，愛心就是聯絡全德的。又要叫基督的平安在你們心裡作主，你們也為此蒙召、歸為一體。且要存感謝的心。當用各樣的智慧、把基督的道理、豐豐富富的存在心裡、用詩章、頌詞、靈歌、彼此教導、互相勸戒，心被恩感歌頌神。」[9]

有很多「在一起」的事，對吧？

我有幾個諮商師或治療師朋友，她們都證實了一件事：即使其他方法無效，但因為團體治療仍然有效，所以正方興未艾。**讓別人進來我們圈子不僅僅令人欣慰，科學上也**

已證明其療癒效果。[10]

加州大學洛杉磯分校的研究人員在研究壓力對女性行為的影響時發現，女性在承受壓力時會比男性尋求更多的社會支援。其他研究顯示，擁有強大的社交網絡可以幫助人們保持健康。[11]

對。一個部落、一個團隊、一個小組甚至會改變我們的身體。一個共同體的神，為了共同體的目的，而創造了我們。我們需要共同體！

朋友，我們需要這個。

在一起會更好

神有目的地將我們置於共同體中，讓我們在對抗念頭慣性的時候，有朋友可以助我們一臂之力。我們的心意一團混亂時，會形成念頭漩渦，我們的情緒就會主導一切，常常，我們所需要的逃生計劃就只消伸出手，輕輕說聲：「幫我。」

當我們自己的大腦找不出答案、鼓不起勇氣、求不得力量、記不住如何祈禱時，妳我必須能夠尋得有智慧與見識的人。這樣的人際關係需要花時間、努力和精神來培養，但這樣做可以改變一切。

我回顧自己的人生歷程，看到在各個年齡階段，我的閨蜜們如何保護我，讓我不去做無關緊要的白日夢。我親愛的小姊妹們，小學的課後玩伴，高中時代的朋友，阿肯色州其他的啦啦隊隊長，參加我的第一堂查經班的女孩們，奧斯汀的市民們，我在達拉斯的教會小組——每個共同體都在塑造我，讓我感到被認識，讓我向前跑的進程和速度都超乎我原本所能想像。希望我也為她們做過同樣的事情。是的，我們開戰過。對，我們變得有距離。對，我們時不時地互相傷害。這些都是過程的一部分。然而，通過了重重困難，終能鑄成最牢固的連結。

的確，不選孤立自我，而是選擇共同體，這真是可怕至極。這需要我們去冒個險。研究人員兼作家布倫妮・布朗（Brené Brown）說：「『弱點』是富有意義的人生經驗的核心、要點、中樞。」[12] 或換個方式說：**我們一定要為人所知，這樣才能保持健康。**[13]

這個觀點不是很深刻嗎？告訴我有哪些人認識妳、他們認識妳有多深，然後我可以告訴妳，妳有多健康。[14]

深吸一口氣。

我選擇共同體。

有人看了我幾年來的記錄，然後說：「珍妮，很顯然，妳根本不用擔心。妳總是對朋友開放自己。」也許吧。但我得告訴妳，我們家在奧斯汀住了十年，最近搬到達拉斯，要重新建立一個互相信任的圈子可不是一件小事。我怎能快快地就結交到「老朋友」？

離開長期以來的支援網絡，要生活在有意義的共同體中是個挑戰，但這並非唯一的挑戰。我遇到的人愈多，就聽到人們有愈多充分的理由解釋為何共同體「就不適合我」。我想到有位年輕女子，她住在一個小鎮上，那地方小到他們去年才慶祝首座紅綠燈設置成功。「珍妮，這裡沒有人可以與我連結，」她告訴我：「我都不曉得我們這兒是否有另一名二十出頭的女生。」

或者，我面談過的徹底內向性格的女性？對她們來說，提議報名參加共同體這種事情，聽起來就覺得壓力很大、讓人覺得很累。

我了解，也許妳因為曾遭背叛很痛苦，甚至不止一次的背叛讓妳現在無法投入。妳冒險相信了某人，說出了自己的過去，而這樣做卻讓她回過頭來反咬妳一口。妳說：「再也不做這種事了。」我懂！

然後還有是否要保持更新的問題。一旦真的與他人分享了自己過去的經歷，如果之後妳有任何進步或挫折，妳都會覺得有義務讓那個人知道。

還有另一件事：一旦讓別人知道我們的過去，我們也無法控制他們的反應。他們可能會說出冷漠無情的話。他們可能會把我們的痛苦說得雲淡風輕。他們可能會裝出微笑的臉，並對我們引述《聖經》裡的話。他們也可能就在同一天把上述這一切全都做了。

對於這些一千零一個負面反饋，我只有一個回應：

妳是對的。

妳是對的。

妳是！

但我生命中每一段寶貴的關係向來都是我必須去爭取來的。人可能會發神經、輕狂、不體貼、以自我為中心、健忘。我之所以知道這些，正是因為我就是人啊，而且在某個時間點上這些渾事我也全做過。同樣真實的是：妳也是人啊。

因此，別讓敵人俘虜孤立的我們，讓我們提醒自己這個事實：「我可以選擇」。我可以記得神的靈住在我心裡，而別人和我同為人類，也和我同樣需要連結和恩典，當我對他們伸出雙手時，神將與我同行。

我創辦「意福：聚會」不久後，就有人誤解我做事工的動機，並在社交媒體上引來了很多關注。許多女性朋友都很生氣，覺得我是真的有惡意；但她們都是我向來敬佩並努力效法的人啊。當時感覺戰線很快就劃出來，把我的英雄們和我隔了開來。那次的經歷讓我學會謙遜，讓我在凡事懷疑之中跌跌撞撞，也才漸漸地清醒過來。

因為不知道還能做些什麼，於是開始給她們一個個打電話。對於造成大家誤會，我深表歉意。我請求她們給予我智慧，能讓事情朝正確的方向走。她們為我的生命帶來影響，我祝福她們。

值得慶幸的是，她們每一個人不僅僅接聽了我的電話，而且也致力團結。我們整理出前進的方向，直到今日我仍把她們當作是我最親愛的朋友。但那個事件之後，我在人際關係方面變得有點怯懦。我害怕自己會說出或做出什麼可能又讓我被排斥的事。但我最後還是決定，我不能在培養人際關係方面一直猶豫不決。

沒有人可以永遠擔任防守方；我們必須現身；坦露出完整的自己。

在友情的發展上，每當我又開始考慮坦露自我所需承擔的風險時，我便選擇坦露。然後，若事情真的發生（因為勢必發生）了，就去面對處理。但妳知道嗎？我們忠實地持續坦露自己的生命時，生命會為我們創造出空間。

搬到達拉斯後，我認識了一位新朋友。艾倫（Ellen）人生經驗豐富，而且總是應對得體。她會把每封收到的郵件都分類歸檔。而我是連郵件都懶得打開來的人呢！我們的共同朋友都建議我們帶著家人一起參加某個小組。她這個人呢，現在我也可以直接跟她講，就是說，她是那種新朋友……就是很出色，但在她面前，妳會覺得有點不安（儘管她從未有意令妳不安）。我還記得我們第一次見面時，我打的是安全牌。當時我覺得要保留一些，先摸清楚她的底細再說。

但第二次，我就決定豁出去了。我就是我——堅持己見、嗓門大、誠實又熱情。結果惹得她大笑起來，後來就更常打電話給我。她不想與她同類型的人交朋友。她喜歡身在一片混亂中卻又得意至極的我。現在，在我的其他關係裡，也有許多是我冒了險，結果卻不甚理想的，但這就是我們找到自己人的方式。

召集你的團隊

不想努力過孤單的日子，而是要去別人——活生生又真實的人類——的生活脈絡中探險，當我們做出這樣的選擇時，必須有兩種資源可供自由支配：「覺知」我們需要的是什麼，以及「勇敢進取」地走出去、認識人。

以下有一些鼓勵的話，有助於妳走出舒適圈，並找到妳的自己人。

找出健康的人

保羅對這件事的建議是：「你們該效法我，像我效法基督一樣。」[15] 跟隨我，像我跟隨基督一樣。如果妳想知道在共同體中該與誰連結，就去找「在生活裡確實實踐這些話」的那個人。去找那個緊緊追隨耶穌的人，然後請他喝杯咖啡吧。

在過去一年裡，我發現藉由在達拉斯找出健康的人，我也變得更加健康了。甚至，尋找完整友誼的過程也為我個人帶來了更大的完整性。好，請注意，我並不是說要找出完美的人。而是，完整的人。健康的人。

妳這位朋友候選人清楚知道自己的優缺點嗎？她是否清楚主導自己生活的價值觀？她感知到所有的感覺時，是否也能收攝自如？她的其他人際關係也發展得不錯，還是有點遺世而獨立？與她互動時，妳是否覺得自己有被看到、被重視？她會聆聽他人嗎，還是總把話題繞回到自己身上？她有成長的動力嗎？她看起來快樂嗎？她有平安嗎？

同樣，這些問題並非所有人都可以回答是。在此，我要妳去找的是一種有在進展的模式。要尋求親密的友誼時，妳必須從找到情緒商數（ＥＱ）高的朋友開始。

妳知道嗎？我們自己也必須成為別人ＥＱ高的朋友！如果沒有人願意做妳的朋友，可能的原因為何。妳是在健康中成長，而不是在痛苦中成長？我是諮商的忠實粉絲，因為諮商可以打斷那些自己看不到的不健康模式。

問就對了

找到想要進一步了解的人時，只需問她是否想要彼此認識一下。「明天下午妳想一起喝杯咖啡嗎？」「我們家附近後面那條步道，妳走過沒？」「妳和妳先生喜歡玩桌遊嗎？」「下週上查經班之前，想要一起吃個晚餐嗎？」

看，有多簡單？

幾個月前我意識到，儘管每天在「意福：聚會」和我一起工作的年輕女生們都表現出很高的社交智商，對共同體有真摯的渴望，也有誠摯的透明度，但有太多太多的情況，她們還是不願意尋求幫助。

某個週二的員工會議上，這個話題浮出枱面，我冒昧問道：「即使真的、真的需要幫助，妳們有多少人在求助時還是會覺得不舒服？」

每隻手都咻地彈起來。

哇嗚。

「女孩們，」我告訴她們。「我說真的。這問題必須解決。」讓她們感到不舒服的是什麼？我們對此聊了一會兒，然後我給她們派了一個共同任務：在接下來的二十四小時之內，她們每一個人都必須請別人幫忙，至少一次。

我告訴她們，可以請別人給點有創意的想法呀。請別人幫忙把車子上的東西拿出來呀。下午的時候，邀請別人一起去散個步呀。

請別人就某個問題給點建議。

她們請別人幫什麼忙，我倒不在意；只是希望她們去練習開口問人、請求。要一直練到「請求」這件事不再讓妳畏縮為止。這個忠告很可能在未來救妳一命，因此，我在此再為妳重複一遍：要一直練到請求這件事，不再讓妳畏縮為止。

問，去問，再問。

說：「好啊。」

嗯，我是個視「新奇」如氧氣的人，因此「問人」這件事對我來說很容易。但是，即使妳是個性內向的宅女，妳也可以這樣做：有機會的話，就說：「好啊。」在此只有一項警告：這並不意味著我們要向有惡意、不健康的人大開方便之門。我們是對真誠、健康的朋友說「好啊」。[16]

幾週前，我在奧斯汀的好友潔西卡（Jessica）主動告訴我，她生日快到了，想和我一起共度。「妳會來嗎？」她問。（她真是個很棒的請求者！）「拜～託啦？」

我說過她生日是下星期的事，而與她一聚意味著要開三個多小時的車嗎？這趟小旅行的時間點對我而言方便嗎？不方便。

值得嗎？絕對值。

就像我說的，我可能把「說好就對了」這個範圍劃得太大，可能會花掉太多時間。但是，要謹記的重點是：如果妳從不對別人的邀請說「好啊」，那麼這些邀請是不會再來的。

一起過人生有助於我們糾正錯誤的想法。但是，只有真的常常在一起，才能一起過人生。

「好！我好想和妳一起去。」

「好！我很開心可以去。」

「好！我們來安排一天講電話聯絡。」

如果在這路上的某個地方，妳成了拒絕者，妳開始拒絕收到的每項邀請，那麼，今天就好，或許妳可以說聲「好啊」，試試看會怎樣？

全然做自己，快

雖然自我孤立的念頭漩渦會把我們困在自給自足和羞恥心裡面，但是，人性的脆弱卻會讓這種狀況嘎然而止。所以，快快全然地做自己吧，這樣子，妳的朋友才可以理解妳——真正的妳。

我可能還蠻討人厭的，而且我會第一個承認這一點。我總是在不恰當的場合發笑，例如在法庭和葬禮上，還有一次是在我孩子努力準備的演講發表會上。（為什麼我會這樣做？有人可以告訴我嗎，拜託？）我會問讓人有壓力的、越界的問題。我很健忘。在嚴肅的時刻，我會插嘴問：啊，妳這件可愛的毛衣是在哪兒買的呀？與人談話時，我像隻蜂鳥般，邊跳邊飛，就是沒辦法在邏輯上貫徹一個主題到終點。

就像和我朋友艾倫在一起時那樣，人際關係方面我有兩個選擇：要不就「裝高尚」，在結識新朋友時，先扮演一個別人的角色。要不，我可以享有自己的真面目，可以多多自嘲大笑，也可以和和氣氣地在他人面前做我自己。

這種勇敢努力的自我坦露，可能會更快趕走不對的人，但也會更快吸引到對的人。

去打擾別人，也讓別人來打擾你

到了兩人相識更深時的友誼發展階段，「請求」這件事感覺會更難。此時的賭注更高了，害怕被拒絕也是常有的事。我的建議是：豁出去吧。發現朋友不做她自己時，妳就鬧她，鬧到她有話直說了為止。請她來喝茶。邀她共進午餐。告訴她妳想為她祈禱，因為妳知道有件事錯得離譜了。打擾她，鬧到她覺得有安全感了，可以發洩情緒了。總有一天她會感謝妳打擾過她的。

同樣，要體驗真正的共同體，妳自己必得是經得住別人打擾的。今天就冒個險相信某人，讓她了解妳生活的真相吧。對，可能會受傷。對，可能會覺得尷尬。對，可能會不舒服。但是，比起以為自己是孤單一人的不安，有個朋友握住妳的手、了解真實的妳，這種不安還是比較好的。

在換話題之前，我先確認一下妳有注意到最後一條規則中，那兩個部分的順序：首先，妳要主動。然後，妳要讓其他人主動來找妳。我無奈地發現，每次我在圖享上發布關於「友誼」和「在共同體中過人生的價值」的貼文，都會得到如下回應：

「沒有人想跟我做朋友。」

「都沒有人要與我聯繫。」

「我都有做好自己的事，但從來沒有人回應我。」

「沒有人在乎我。」

聽好——在妳的意念和內心有這類念頭，就是為敵人大開城門。這些東西也不是真實的！諷刺的是，有許多妳以為不關心妳的人，她們和妳的感受一模一樣。她們也擔心，如果坦露自己，就會被拒絕。她們覺得有挫敗感，因為好像沒有人回應她們所付出的關心。她們不知道是否有人想和她們做朋友。

這就是為什麼我要請妳：先去打擾別人。伸出妳的手。冒點風險。說出妳的感受。

聽清楚別人在講什麼。**妳希望交到什麼朋友，就這樣先去做別人的朋友。**[17]

不久前，我女兒凱特和朋友及其家人去了外地，在辦理入住手續時，她打電話給我，我從她的聲音中聽出來她有些困擾，有些不對勁。她已經那樣好幾天了，所以我就大膽追問了一下。

凱特並沒有告訴我很多，但她確實問到如果她回家後要約諮商師面談的話，澤克和我會同意嗎。澤克和我全心相信諮商的好處，也相信我們有時候會需要「有人」把我們的想法和感受「翻譯出來」以反映給我們自己，我們都需要在安全的環境中聽聽別人所看到的、真實的我們，我們都需要有空間來處理自己更深層次的需求，我們都需要有人幫忙把「神說的話」應用到生活的現實上。簡單一句話，沒問題。「但妳預約之前，」我對凱特說，「我想讓妳知道，妳隨時都可以找我談。」

我告訴凱特，沒有什麼事情是我不會原諒的，也沒有什麼事情會影響我對她的愛。雖然花了很多時間，流下了很多眼淚，但兩小時後，我和我這麼棒的女兒還在講電話，較之以往，這讓我對共同體的力量更加感激了。

我曾經在科羅拉多泉（Colorado Springs）的一家咖啡館看到一張賀卡，上面有一張可愛的小熊素描，寫著「當時我們在一起。其他的我全忘了。」每次想起我與凱特講的那通重要電話時，就是這種感覺。當時困擾她的事情已經隨著時間而淡忘了，但是那種「在一起」的感覺還在，也永遠都在。那時她下了決心要把事情告訴能幫助她的人。

那個人就是我，感激之至。

最後那百分之二

朋友啊，如果想擺脫混亂，便不能獨自在黑暗中與魔鬼同在。我們必須成為救援者，也必須選擇把身邊的人召集起來，組成救援團隊。

我可以選擇。我可以為人所認識！

當我們能進入彼此的內心時，讓我來告訴妳會有什麼危險，以及會有什麼美事發生。

在我們達拉斯本地教會有這樣一句話：「把最後的百分之二說出來。」或許妳覺得自己已經精通真誠說話的祕密。雖然妳提到自己的問題時，也會講一點罪惡、恐懼或沒安全感的事，但即使我們這些重視真誠的人，也常常會有一張絕不會亮出來的底牌。

這個小祕密我們不會告訴家人。這個小祕密我們也不會與朋友分享。這個小祕密是我們絕不亮出來的牌。也許妳的百分之二是妳今天對孩子大發雷霆。或者，也許是從未向誰提過妳幾年前犯的一個錯。讓我告訴妳我一位朋友的真實案例。

珍妮佛（Jennifer）在奧斯汀自己家中帶領查經班。她和她先生是他們教會的領導人。他們是一對很棒的夫妻。他們愛耶穌，而她也是我最喜歡的朋友之一。

她好真實。因為她經常對我示弱，我非常喜歡她。但是直到最近，她才打電話給我，告訴我她一直有所保留的部分。

她告訴我，整個上學期，她深受某同事的吸引。起初只是隱隱約約的。「他是很可愛，但我真不知道怎麼開始的。我愛我的丈夫，我重視我們的婚姻，」她說，「但我發現自己被他吸引了。」她開始在開完會後逗留。接著她說：「我知道我瘋了，希望妳不要看輕我，但我真的和他互發訊息了。」

她接著對我說：「在『意福：聚會』開會時，我把我和他的共同朋友拉到一邊，對她說，『我需要把我沒和別人分享的最後百分之二說出來。我必須說出來。』」然後她就大聲說出來。

接著，奇怪的事情發生了。她說：「珍妮，在我大聲說出來的那一刻，我就再也沒有被他吸引過了。」[18]

對啊，真的很奇怪。

我們一直在黑暗中與魔鬼同在，也一直緊守著自己的祕密。我們不給別人看所有的底牌。為什麼要呢？我們以為，一點小祕密沒什麼大不了。也不代表什麼。而且，反正我又不會再犯。

我們不亮出最後一張牌，而在我們的祕密裡，我們卻受魔鬼挾持。但是，當我們大聲說出自己的念頭時，當我們袒露自己的黑暗時，我們即已將其拿下，並反制其力量。我們要驗證福音，讓它屹立不搖。我們要實現共同體。這就是神造人時，要我們去做的努力！

被看見、被認識。被愛著。

讓我們為此努力吧！

萬一噩夢成真，我該怎麼辦？

他們可能以為我是……

這件事我還不夠格。

我表達的方式錯了嗎？

如果……我會怎樣？

一切都失控了。

我不適任這份工作，他隨時都可能會開除我。

他們快要發生可怕的事情了。

10 無所畏懼

我選擇——把恐懼交給神

胸口好緊啊，都無法呼吸了。某個週日晚間，展望隨後忙碌的一周，眼前的一切本來令我無比興奮。

但為什麼會喘不過氣來呢？

不知道還能去哪裡，所以我就坐在床上。感覺好像我的身體在大吼：「出事啦！」而我的心意則飛快旋轉，想弄清楚這是怎麼一回事。

我注意到，有時心意好像跑得比情緒慢，而身體則比較與情緒同步，會提示我們內在發生某些狀況了。實際上，我認為這是一種天賦，是神造了一個會向我們發送信號的人體，告訴我們，自己的念頭漩渦可能正轉往危險的方向。

我當時正在寫這本書，我覺察到神是在利用這混亂漩渦的時刻提醒我，「奪回每一個念頭」這件事不僅僅只是個要採行的有用步驟。珍妮，妳別忘了，這是一場全面大戰。

我雙手環抱胸口，彷彿不讓自己散了架似的，澤克當時就坐在我身旁。我半開玩笑地要賄賂他上鄰居家討一顆「贊安諾錠」（Xanax），他憐愛地對我說：「寶貝，那是違法的。」

於是我坐著不動。我祈禱。我在自己的心意裡搜尋，想找出身體在告訴我是哪裡出錯了。

果然，從最近的思考模式的縫隙裡挖掘時，我注意到了某個東西。

對，我很高興未來幾週有絕佳的事工服務機會。但是，有個隱微的謊言慢慢使這一切黯然失色。隱微的謊言感覺就像是一件大外套，我們在某個豔陽天，或許是習慣使然，還是不知不覺、匆匆忙忙地就穿上了它。

我陷入的漩渦是：如果失敗了，我怎麼辦？如果我還不夠資格做這件工作，該怎麼辦？

我沒有用！——這句從黑暗中傳來的熟悉耳語，更添壓力。

我一直帶著這種模糊不明的沉重感活著。如果這種感覺是一個有意識的念頭，那我就能立即對抗它，並選擇真理：我有神就夠了。神因為揀選了最沒有資格的人，所以神得榮耀。我不必凡事都要符合標準啊。

但是，直到謊言把我拉進漩渦，而且身體已經表現出讓我團團轉的焦慮症狀時，我這才注意到發生了什麼事。

擔心很多事情

我們當中有多少人受焦慮壓迫，勉強拖拉著過日子？很多人發覺自己的念頭會繞著問題人物或情況兜圈子。還有些人的焦慮已經成為日常生活中的配樂，而且已經太熟悉了，熟悉到我們不太會去注意每一場景下都在播放的焦慮配樂。（請理解，我在這裡談的是念頭慣性，而不是因身體化學反應帶來的焦慮，如果妳有後者這種情況，請尋求專業協助。）

敵人用短短的兩個字：「萬一？」便讓我們中了圈套。他用這兩個字放飛我們的想像力，讓人編造出眼前隱隱約約末日毀滅的情節。

然而，要擊敗「萬一」的武器也不是什麼出乎意料之外的，也就是這兩個字：「因神」。

因神為野地裡的百合花著裝，養活天上的飛鳥，所以我們不必為明天憂慮。[1]

因神將祂的愛澆灌在我們心裡，有盼望將不會叫我們失望。[2]

因神揀擇我們靠祂的力量得救，所以無論日子如何，我們都能在自己的信仰中堅定立場。[3]

注意到是什麼在束縛我們的時候，自由便降臨了。接著，我們可以用事實打破束縛。

焦慮說：「萬一呢？」

我和這個人走得太近了，萬一她像上次我很信任的朋友那樣要操縱我，那該怎麼辦？

萬一我老公外遇，那該怎麼辦？

萬一我的孩子慘死，那該怎麼辦？

萬一我老闆認為我可有可無，那該怎麼辦？

萬一……怎麼辦？

萬一……怎麼辦？

當然，健康的焦慮也是存在的，這種焦慮會示意大腦對「真正值得害怕的事情感到害怕」，例如，在樹林中遇見熊，或過馬路時迎面而來的車流。

正如《今日醫學要聞》（Medical News Today）某編輯所指出，「這種救命機制啟動的時間點若不恰當，或一直卡在『開』的狀態時，就會變成問題。」[4]我們對可怕事物的情緒反應，若因大腦的恐懼網絡過度運轉而超出理性，變得不合理時，這種焦慮會讓我們的念頭惡化成漩渦。

我們不斷尋找新的事情來擔憂，每一個擔憂裡再找出新的角度繼續擔憂，好像透過不斷擔憂，我們就可以為即將發生的事情做好準備。對於並非真正威脅到我們的事物，我們出現明顯的身體反應，這種對未來的恐懼心理讓我們受困於胸口發悶、無法放鬆、無法活在當下，完全忘記了神的存在，忘記即使我們最可怕的噩夢成真，祂仍會賜與我們一切所需，今天、下星期、從現在起算的二十年內的所需。

我們正在用「萬一……怎麼辦」逼死自己。

然而，更好的方法是有的，因為我們可以選擇。

謊言：我不相信神會照顧我的明天。

真理：神掌控著我生命中的每一天。

就是妳們的頭髮，也都被數過了。不要懼怕，妳們比許多麻雀還貴重。[5]

我選擇將我的恐懼交給神。

我們可以選擇

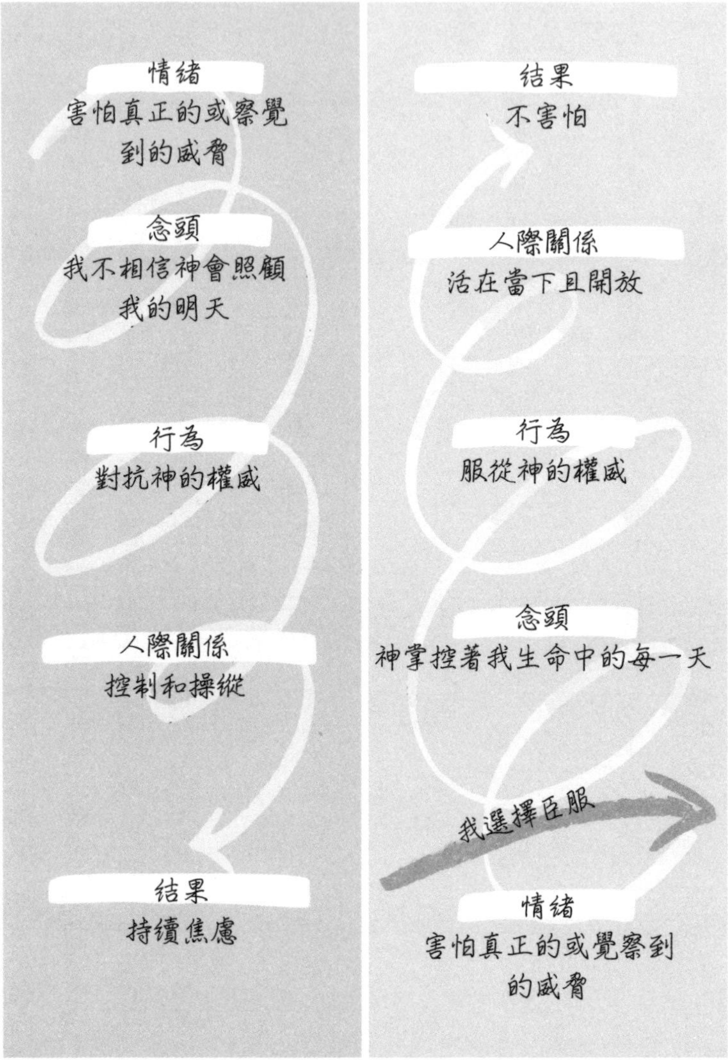

情緒
害怕真正的或察覺到的威脅

念頭
我不相信神會照顧我的明天

行為
對抗神的權威

人際關係
控制和操縱

結果
持續焦慮

我選擇臣服

情緒
害怕真正的或覺察到的威脅

念頭
神掌控著我生命中的每一天

行為
服從神的權威

人際關係
活在當下且開放

結果
不害怕

何為真實

保羅知道我們會受漩渦之苦，所以他早就告訴我們，可以用意想不到的東西取代謊言。在腓立比書第四章中，他寫道：

「凡事應當一無罣慮，只要藉著禱告、祈求、和感謝，將妳們所要的告訴神。神所賜出人意外的平安、必在基督耶穌裡、保守妳們的心懷意念。

弟兄們，我還有未盡的話：凡是真實的、可敬的、公義的、清潔的、可愛的、有美名的，若有甚麼德行，若有什麼稱讚，這些事妳們都要思念。」6

首先，我想請妳看看他叫我們做什麼。這不僅僅是建議，而是明確的指示：「凡事應當一無罣慮。」

凡事嗎？

凡事。

保羅怎麼能這樣說？神真的吩咐我們這樣做嗎？哎呀，保羅其實有很多事情要擔憂。他寫下這些話的時候，妳也許還記得，當時他受監禁，還被判了死刑。保羅對他寫下的話是認真的。他之所以這樣說，原因很簡單：地球不是我們的家，而我們在天堂的家是無憂無慮的。因此，如果死亡不是該害怕的事，那我們到底需要害怕什麼？

神的應許在任何情況下給予我們最大的希望。祂滿足所有需求。祂（最終）將解決我們在地球上所面臨的每一個問題。保羅自信地寫出了這個真理，然後他給了我們明確的指導，以擺脫那些焦慮的念頭：

■ 選擇感謝。

■ 選擇思念那些真實的、可敬的、公義的、清潔的、可愛的、有美名的，有德行的，值得稱讚的內容。

等會兒，讓我們把這其中的一個替代焦慮的念頭放大檢視一下吧：「凡是真實的……這些事妳們都要思念。」

讓我們大多數人陷入困境的甚至不是真正的恐懼。我們擔心的事情可能永遠都不會發生。事實上，研究顯示「妳所擔心的事情之中，有百分之九十七只不過是妳自己的恐懼心理以誇大和誤解的方式在懲罰妳。」[7]

現代的人格類型系統「九型人格學」（Enneagram），具有數百年歷史了；我姐姐凱蒂屬於第六型，她總是讓我笑到崩潰，因為我們的對話大約有一半都是繞著假設的情境在講。在九型人格的分類上，我是第七型。對凱蒂和我來說，這意味著她永遠在想事情會出什麼差錯，而我一心想的則是怎樣才能把事情做對。

我敢說像我這種型的人更容易按照保羅的指示去行動；不過，不管人格類型如何，神仍然召喚我們去盼望、喜樂、忍耐——去思考何為真實！

我們在約翰福音中找到了一個關於敵人很妙的描述。因為耶穌的作為及其行事動機引發重重疑雲，所以祂感到灰心。祂對那些反對祂的人說：

「倘若神是你們的父，你們就必愛我；因為我本是出於神，也是從神而來，並不是由著自己來，乃是祂差我來。你們為甚麼不明白我的話呢？無非是因你們不能聽我的道。你們是出於你們的父魔鬼，你們父的私欲你們偏要行。他從起初是殺人的，不守真理，因他心裡沒有真理。他說謊是出於自己；因他本來是說謊的，也是說謊之人的父。」[8]

真理是我們對抗敵人的最有力的武器，敵人是「說謊者和謊言之父」。因此，我們對抗敵人就是用「真實的事物」——意即「實實在在的東西」！

請看下一頁的工具圖。

抓住念頭 **這念頭是什麼？**	判斷這個念頭 **它是事實嗎？**
把它交給神 **神對這個念頭怎麼說呢？**	做出選擇 **我要相信神嗎？**

把妳那些在頭腦中到處轉的焦慮念頭，找出一個寫下來。

那個念頭是什麼呢？

判斷一下，那個念頭是真實的嗎？

再進一步想想，神對這種念頭是怎麼說的？要回答這個問題，妳可以查閱《聖經》，並與團契中值得信任的人一起做。妳可以問說：「有個念頭如何如何，神對此是怎麼說的？真相是什麼？」

然後，妳必須做出選擇：妳會相信神，還是謊言？

我認為大多數人應該都善於找到念頭，也能辨識其是否為謊言，甚至還知道真相是什麼。但是我們會在最後這一步上栽跟斗。我們一直在相信謊言，根據謊言採取行動，讓「萬一……怎麼辦」攪動各種念頭，讓自己發瘋。

在我逐漸擺脫十八個月的猜疑漩渦時，我意識到自己必須作戰。我必須閱讀神的話語，並找出每一件拿得到的武器起而反抗。

妳不知道保羅在受監禁期間也是得這樣做嗎？他必須為信仰而戰。「因我活著就是基督，我死了就有益處。但我在肉身活著，若成就我功夫的果子，我就不知道該挑選什麼。」[9]

對，信仰是禮物，但有時卻是一份得來不易的禮物。保羅誠實地寫出了艱苦中神對他說的話：「祂對我說：『我的恩典夠你用的，因為我的能力是在人的軟弱上顯得完全。』所以，我更喜歡誇自己的軟弱，好叫基督的能力覆庇我。」[10]

我因此深感安慰。我自己仍持續為信仰奮戰，此事更讓我消除疑慮。因為上帝是真實的，所以我可以繼續教《聖經》，我可以繼續帶領「意福：聚會」，我也可以繼續帶我的孩子們去教堂。我的感受在很大程度上不是基於真實，而是基於頭腦中虛構出來的故事。

什麼是真實？

上帝是真實。即使我的心意會跳到各種黑暗處，但祂哪裡也不會去。要堅定信仰，我不能仰賴自己的念頭或感受。是神堅定了我的信仰。

但我該怎麼辦？

站在我面前那個女人焦慮不安。她十來歲的女兒在幾個人生的重要決定上，犯了嚴重錯誤，這個媽媽的心碎成千百片了。她含著淚看著我，問道：「珍妮，我該怎麼辦？」

我該怎麼辦？

我聽過無數女性問這個問題，她們面臨著各式各樣的人生難題——丈夫外遇、上癮成疾、財務投資失敗、孩子倔強任性、晴天霹靂般的醫師診斷……還有……還有……每次說完那些一直在磨她們耐心、誘惑她們內心、絆倒她們的困難後，她們都會問同樣的問題：「我怎麼辦？」

她們想知道的是應該如何解決這種狀況。或調整觀點。或讓痛苦折磨不再逼近。又或者，如果這些問題都不可能改善，她們想聽我建議到底該如何繼續前進，而不是屈服於灰心喪志。

我們該怎麼辦？我們要正視自己的念頭。我們要藉著神的力量攻下營壘。我們要弄清楚，是否仍相信著一些關於神或我們自己不真不實的謊言，然後要去那裡作戰。

嘿，讓我告訴妳一個大好消息：妳不是上帝。妳並非無所不知。

我們讓自己的念頭帶著擔心恐懼而失控時，不論是有意還是無意，我們就是靠匍匐前進，勉強演出這個只有神才能演得好的全知角色。我們忘了實際上有個好消息，那就是，掌控者是祂，不是我們。妳我或有許多天賦才能，但「當神」可不是其中的一項。

對，說得輕巧，可是要做的話則難如登天，但這就是為什麼我們要團結一致，並且

我選擇相信神

浸泡在神的話語裡。改變很難，而且成效可能來得很慢。畢竟，我們的恐懼來自於深刻銘心的念頭、糾結纏身的罪惡。但因我們是新造的人，所以我們擁有聖靈的力量，可以為求真理而做出選擇。

改變心意是可能的。

發現謊言沉重地壓在妳肩膀上時，妳可以像脫掉一件不透氣的外套那樣，脫掉謊言，擱置一旁。

撒旦會用什麼樣充滿恐懼的念頭，壓制妳的信仰？

把它說出來。

把那個念頭說出來。

我怕，我會禁不起未來可能發生的事。

■ 我選擇相信，神必不叫我受試探過於所能受的，並總給我力量來克服誘惑。[11]

我怕，大家會丟下我不管。

■ 我選擇相信，神已承諾不撇下我，而祂永遠信守承諾。[12]

我怕，我會失去所愛的一切，以及所愛的人。

■ 我選擇相信，神在我最美好的勝利時刻，以及最黑暗的痛苦時刻都會幫助我，扶持我命。[13]

我怕，自己被發現。

■我選擇相信，神在我想到什麼之前，已經曉得我的每一念，而且愛我。[14]

我怕，我真的無法勝任這項工作。

■我選擇相信，神已賜與我一切關乎敬神生活所需之物。[15]

我怕，會被拒絕。

■我選擇相信，神已接受我作祂的孩子，並且永遠不會離開我。[16]

我怕，自己達不到他們的期望。

■我選擇相信，神要我只尋求祂的認可，並放掉要取悅別人的壓力。[17]

我怕，每個人都會看到我一敗塗地。

■我選擇相信，神專門拿走軟弱，並用軟弱來增添祂的榮耀。[18]

這就是我們對抗漩渦的方法。我們把念頭從頭腦裡抽出來，偷偷除去它的影響，然後用真實的信念取代之！

不對任何事焦慮

我的朋友潔姬（Jackie）嘗試懷孕有五年了。她幾乎忍受不了靈魂深處的痛苦了。不久前我和她在一起時，她絕望之深，已讓她失去了對生命、對神、對祂「各樣美善的恩賜和各樣全備的賞賜」失去希望。[19]

她看著我，好像在說：「萬一祂跳過我，該怎麼辦？如果我的夢想沒有實現，該怎麼辦？」

我們談話時，有一大群她愛的人圍繞著她，一個又一個女生把自己的信仰借給了潔姬。她們並非為潔姬而相信神定會讓孩子出現在她子宮裡；而是無論將來發生什麼事，她們仍為潔姬相信神。

她離開聚會時，光彩照人、充滿希望，眼神中是願意去嘗試一些新挑戰的，是願意擁抱一個可能子宮裡不會有小孩的世界的。因為神良善而完美，即使人生並非如此，她還是選擇相信祂掌控著一切。

沒有人保證我們最擔心的惡夢不會成真。

有時候就是會發生，但即使那樣，神仍然是我們堅定不移的希望。

癌症可以來挑釁我們，但憑著神的力量，癌症不會贏，至少最後不是它贏。配偶可能不忠，但憑著神的力量，不忠無法論定我們的人生。金融危機可能對我們不利，但憑著神的力量，我們可以前進。幻滅和懷疑可能會打擊我們，但憑著神的力量，最後的決定權不在它們。

我嫂嫂艾絲莉（Ashley）每年都會重讀柯麗．天彭（Corrie ten Boom）那本《密室》（The Hiding Place）。她說這本書提醒她，無論未來的日子如何，她和家人會發生什麼事，有神就足夠了。

最近，我向她吐露我對我某個小孩的擔憂時，她對我說起了柯麗在書中講述的這個故事：

父親坐在狹窄的床邊。「柯麗，」他輕聲說，「妳和我去阿姆斯特丹的時候，我什麼時候給妳車票？」

柯麗邊擤了幾次鼻子，邊想著這問題。「唔，就我們上火車前呀。」

「沒錯。我們在天上的父，祂很有智慧，祂知道我們什麼時候會需要什麼東西。柯麗，可別跑到祂前面去囉。我們當中有些人會走到不得不死的時候，到那時候，妳要到內心裡面找，找到妳需要的力量——時間剛好才去找喔。」[20]

在有需要的時刻，我們總是就會有了所需要的東西。我們相信這一點嗎？

如果我們相信可以選擇信任，而不是選擇恐懼，那麼選擇信任會讓我們過上什麼樣的生活？

我們將活在真實的自己之中，也就是我們會擁有基督的心意。

保羅在腓立比書（2:5）宣布這是真實的：「你們當以基督耶穌的心為心」！

那麼，當我們的漩渦開始轉動時，該怎麼辦？

我們就做事。

我們冒點險把事情告訴別人，即使我們會擔心這事情聽起來很蠢。

我們主動選擇關閉恐懼又不真實的念頭。我們提醒自己神是誰，我們可以把焦慮交給祂。[21]

妳可能得每天做這個練習一百次。然後就會得到我們所指望的「神給予的平安」。

我最近一次周日晚間焦慮症發作後，就「打電話給朋友」。我什麼都說出口了，甚至是最後那叫我羞愧的百分之二也說了，凱莉（Callie）一直在聆聽。然後她笑著說：「好了，珍妮。那是惡魔在說謊。妳不會再受它影響，失去動力的！」

她為我而戰，當我無法把自己拉出來時，她把我拉起來了。

朋友，我也想為妳這樣做。請聽我說：無論今天妳的人生看起來怎樣，無論明天會如何，神真的在照顧著我們。

想一想百合花怎麼長起來；他也不勞苦，也不紡線。然而我告訴妳們，就是所羅門極榮華的時候，他所穿戴的，還不如這花一朵呢！妳們這小信的人哪，野地裡的草今天還在，明天就丟在爐裡，神還給他這樣的妝飾，何況妳們呢！[22]

噢我們些小信的人哪。因為我們屬於神，所以我們被看見，被照顧著，也沒有什麼可害怕的。

如果我不照顧自己，誰會照顧我？

表面不等於真實。

如果我學到了什麼，那就是永遠不該相信別人說的話。

如果我不保持警覺，就會被占便宜。

不要期望太高。否則，只是讓自己在做失望的準備。

信仰是給愚民專用的。

我很好。我不需要誰或什麼東西來幫助我。

11 美的暫停

我選擇——在神裡面喜悅

我的「意福：聚會」團隊和我常常一起去吃德州式墨西哥料理。最近，我們去了「馬特的牧場」（Matt's El Rancho），邊吃辣椒起司，邊討論樂觀主義。我一直都在研究這個主題，也覺得我們大家（無論是個人或是團隊）都需要再樂觀一些。我的「意福：聚會」團隊與其說是辦公室同事，還不如說是最佳戰友。我們已經共同經歷了好幾場戰役。

那天下午在「馬特」，我們特別討論了樂觀主義的反面：悲觀主義。我的研究證實，處理負面思維與所有的念頭漩渦的模式是一樣的——我們永遠都可以選擇。我們也許不能選擇人生中會遇上什麼人、什麼境遇，但我們可以選擇回應的方式。我們可以選擇讓自己有什麼樣的心意，因而決定自己人生的方向。

以下是我與她們分享時，為說明我的觀點所做的比喻。

假設我們某個晚上一起去參加聚會，坐在我們旁邊的人一直在抱怨食物有夠難吃，播放的音樂軟趴趴，主人家還很不客氣，我們就會對那個聚會留下很糟糕的印象。說實話，我們可能都還沒好好品嘗食物或留意環境，那些不滿的牢騷就已經把我們帶到負面那邊去了。

我們離開時想的是，這場聚會真是有夠糟的。

然而，如果去了同一場聚會，但坐在旁邊的人極力誇讚佳餚美味、音樂帶動氣氛、座位安排體貼入微、主人家友善又慷慨，我們離開時就會說：「這裏好棒，好好玩哦！」

那如果我們談的不是聚會，而是人生呢？我們有多常選擇不開心？我們選擇不去看到最好的、讚揚好的，卻只選擇看到鬥爭、抱怨差勁的。

我真的覺得很奇怪，「在所有情況下仍然選擇去看最好的」，這樣做怎會不給我們大家帶來更多喜樂。

我有位同事評論說：「珍妮，妳說的我明白。但如果我選擇去看人生中那些最好的，我會被別人占便宜。」其他人也同意她的觀點。她們有點擔心，如果不保持警覺，別人會看出她們很天真，這樣就會成為別人下手的目標。

我覺得要這樣講也是有點道理啦。

不過，我永遠忘不了我們團隊裡有位成員伊麗莎白（Elizabeth），她接著說：「那又怎樣？妳不是會比較快樂嗎？」

伊麗莎白是陽光和甜蜜的化身，總是笑臉迎人，總是友善親切；她當然會說出這樣的話。然而，她這個回應聽起來是有些道理。她說得對：「不防備的人生」之外的另一選項是自我保護、及自我耗損的悲觀主義。

有誰想過那種生活呢？

敬畏的轉化力

我們的文化看重悲觀主義，我們彷彿斷定悲觀主義者就是懂很多其他人都不懂的東西。他們準備充分、保持警覺，而且他們能覺知到的層面，是心情都太浮動的其他人根本理解不了的。但悲觀主義根本不是那麼美好。實際上，是一點都不美好。

驅動悲觀主義的是對未來的恐懼，或對過去的憤怒。我們要不是擔心著可能永遠不會發生的事情，就是把曾經發生的事情投射到未來。我們相信以下這句謊言：表現出脆弱，或對美好抱持希望，都太冒險了。

布芮妮·布朗（Brené Brown）把這種狀況稱為「不祥的喜樂」。她在《脆弱的力量》（Daring Greatly）一書中寫道：「稀缺和恐懼驅動了不祥的喜樂。」

我們怕喜樂的感覺不持久，怕喜樂不夠多，也怕轉換成失望（或接下來等著我們的其他情緒）的話會太困難了。我們學到，屈從於喜樂，充其量只是讓自己準備好可以承受失望，而最壞的結果竟會招來禍事。[1]

敵人的策略是要在這個分崩離析的世界裡，讓我們的念頭滿滿都是錯誤的幻想，讓我們甚至不再想去尋找正面的事物。悲觀主義已然變成我們的思考方式，而我們甚至都沒注意到。

可以問問自己以下這些問題，看看悲觀主義是否已入侵妳的頭腦：

- 樂觀的人是否會惹妳惱怒？
- 若有人對妳好，妳是否會覺得不知道那人在圖妳什麼？
- 妳是否經常覺得被誤解？
- 當事情進展順利時，妳是否在等著看何時會出差錯？
- 妳是否很快就能發現別人的缺點？
- 妳是否很擔心會被占便宜？
- 認識新朋友時，妳會保持戒備嗎？

■ 妳是否納悶為什麼別人就是不能把該做的事情做好？

■ 妳是否常愛挖苦人？

悲觀主義正在摧毀我們的能力，讓我們無法悅納周圍的世界，無法與他人充分互動。神為我們帶來了數不盡的歡樂和喜悅，而我們卻雙手抱胸予以拒絕。如果還有另一種生活方式呢？

學者研究敬畏與美麗時，發現了一個有趣的關聯性：我們心生敬畏時，會以對別人有益的方式接近他們。

我們因峰頂積雪的壯麗景色而折服、或因歌曲優美而喜悅、或靜靜坐在古老教堂裡，因陽光穿透彩色玻璃窗的折射而驚嘆，或因孩子們跑過後院的撒水器旁時的連聲大叫而覺得歡欣，此時，我們放下了「全部都得是我」這樣的執念。我們暫時拋下了作為世界中心的自己，如此一來，會變得更能投入於他人的福祉，更加慷慨，比較不會「只知權利，不知感恩」。[2]

妳有沒有過這種經驗？有一種時刻，在感受到某物如此之美時，妳感到內心湧動，覺得好像就要爆炸了。

悲觀主義說：「無能、欺騙、失望將我重重包圍。」在「神」與「神的善」裡面的喜悅推倒了我們的牆，讓希望、信任和敬拜湧進來。

妳知道「敬拜之情」是如何在我們心中湧現的嗎？就在我們著眼於一切喜悅的源頭——神本人——而不是我們短暫的問題之時。

想想保羅所述，當我們像以色列人一樣，將視線從會消褪的事物轉向永恆的神時會發生什麼事：

「但他們的心幾時像摩西那樣歸向主，主幾時就揭開面紗，那時他們就會——面對面！他們突然意識到神是一個活生生的人，來到你面前，而不是一塊鑿過的石頭。而當神，一個活生生的靈，親自在場時，人們就知道那陳腐、侷限的律法已然過時。我們擺脫了！我們大家都自由了！我們與神之間不再有阻礙，我們因著主臉上的榮光而煥發著榮光。我們也因此很像彌賽亞那樣變得莊嚴，隨著神進入我們的生命，我們變得像他，我們的生命逐漸變得益發明亮、更加美麗。」[3]

就像摩西在山上時，神允許他看見祂的榮光，讓他下山時臉上煥發著榮光那樣，神進入我們的生命時，祂在我們裡面作工，使我們的生命「益發明亮、更加美麗」。

謊言：人是不能相信的，生活的問題也是解決不了的。

真相：神是可信賴的，而且到最後會讓所有的事情永遠共好。

我們曉得萬事都互相效力，叫愛神的人得益處，就是按他旨意被召的人。[4]

我選擇在神裡面喜悅，在祂於我周圍世界裡作工的跡象中歡欣。

悲觀主義的苦味

我知道，如果妳真的是悲觀者，那麼對於我說的這些妳是一個字也不會信的。我之所以知道，是因為我就是一個還在康復中的老練悲觀者。在過去數月的疑雲中，我精準地學會了悲觀的技巧，並加以練習。身心健康的時候，我是啦啦隊長，是永遠的樂觀者，也是「九型人格」中充滿熱情希望、奮發向上的第七型。但是，那幾個月在我內心生根的悲觀主義卻壯大起來，在喬裝成冷靜、精巧、自豪的模樣之下隱匿得很好。實際上，我已經看不出真實的本來面目：我變得易怒、厭煩、恐懼。

我們可以選擇

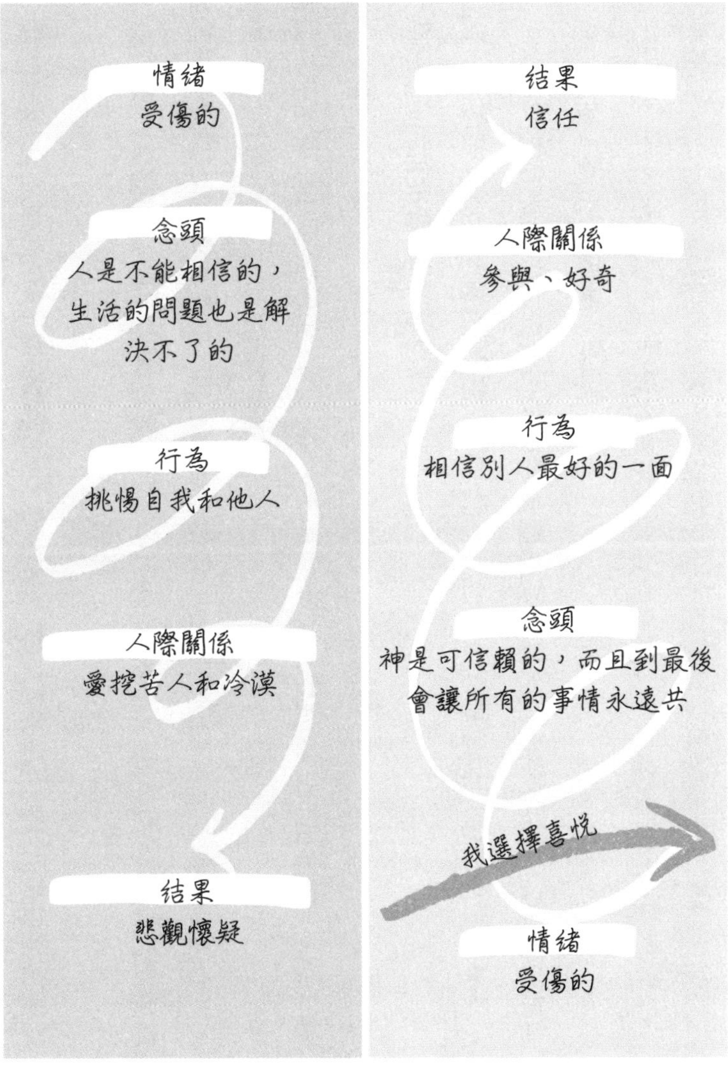

情緒
受傷的

念頭
人是不能相信的，生活的問題也是解決不了的

行為
挑惕自我和他人

人際關係
愛挖苦人和冷漠

結果
悲觀懷疑

情緒
受傷的

我選擇喜悅

念頭
神是可信賴的，而且到最後會讓所有的事情永遠共

行為
相信別人最好的一面

人際關係
參與、好奇

結果
信任

悲觀者是「傾向於表現出懷疑別人的動機，也懷疑別人的行為中有真誠善意」的人。[5] 雖然這個說法在我身上確實應驗了，但並不只是這樣而已。最終我也開始懷疑神。

對我而言，悲觀就像是一項大規模的建築工事，我不知不覺地在心的周圍築起高牆。那時的我可不會告訴妳說我在逃避真實的快樂。真要說的話，是我被當時所有我喜歡的愉快事物給騙了，還以為自己快樂得很。

我的人生並沒有像保羅所描述的那樣，持續變得「益發明亮、更加美麗」，而是讓悲觀的黑暗疑雲終日罩頂。我對人挑惕、事事猜疑、冷淡疏離。

悲觀削弱了我們正確看待神的能力。

悲觀主義的根本要義就是拒絕相信神掌握著一切、神是良善的。悲觀主義是拿妳受過的傷、甚至傷口遲遲未癒合這些事來解釋這個世界和神。它迫使妳以平行視角看待他人，而非以垂直視角仰賴神。

當時我看不到的是，驅動我行為的絕對是我受過的傷。每件事都讓我覺得好累，包括壓迫、絕望、努力追求健康的歷程，所以我認定，真實的快樂就是不可得的。我還以為快樂是要在慣性不安之下才會出現的樂趣。

接著，在我最意想不到的時刻，我日益壯大的悲觀與傷口突然間消滅了。

我提過我的朋友庫特．湯普森（Curt Thompson），他最近特地花了一些時間在領袖靜修營指導我們。某次小組聊天時，我投射出一種不太有愛的氛圍。反正，庫特後來是那樣說的。我稍稍上揚的雙眉，環抱胸前的雙手，全身的姿勢全都在告訴庫特這三個字：別、管、我。

儘管我做過很多療癒，但我那時沒心情回答個人隱私問題。我只想和朋友們一起吃辣椒起司，然後與其他所有的人保持我覺得安全的距離。

庫特不時地梳理清楚那些與我們的意念、內心、人生經驗相關的智慧，接著，他會問一兩個人說：「妳現在覺得怎樣？」作為開場白。

只要不是對著我問那問題，我就沒事，所以我打算冷處理，避免和他有眼神接觸。第一天進行到一半時，庫特竟敢捋虎鬚。某次群聊快結束前，庫特騰出一小段時間讓大家靜默，然後看著我問道：「妳現在覺得怎樣？」

我瞪著他一秒鐘，然後，聳了聳肩咧嘴笑說：「粉好。」

我是誰啊？庫特很傑出，他做的事情令我敬佩。有他來指導，我們太幸運了。而我剛就用「粉好」對待他嗎？（我知道語法上正確的說法是「好」（fine）。但我說「粉好」，態度上就不太好。）

我的策略整個週末都奏效。我愈少表現出有意願參與的模樣，庫特好像就愈少叫到我。但是，當我以為自己可以和大家在一起，而不用洩露自己的醜事時，我沒想到發生了某事，突破了我身為悲觀主義者的戒備心。

在我告訴妳發生了什麼事情之前，應該提一下，通常悲觀會壯大起來，是因為我們認為：比起實際上所得到的，我們應該得到更好的東西。悲觀的根源在於嚴重的創傷。悲觀者說，沒有人可以信任，我們永遠、永遠都不會安全。

我在那次小小靜修營表現的悲觀態度，是被某個令人尷尬的念頭激起的。（說正經的，還真不敢相信我就要告訴妳這件事了。）

在精神上那個暗黑深沉漩渦的另一面，我是不會在凌晨三點醒來的，但我對神仍然有些不滿。原因是：雖然我未曾大聲說出來，但是我一直快樂地相信著「神喜歡我」。我是最受神寵愛當中的一個。我不知道神是否真有祂特別寵愛的人，但我喜歡想像祂對我有特別的愛。

疑神疑鬼的暗黑漩渦使我處處生懼，擔心祂可能一個不小心就讓我掉進縫隙裡，就像妳把要付的帳單滑落到書桌和牆壁之間的縫隙一般。我感覺自己好像跌進了一條裂縫中，祂要不是沒注意到，就是不夠在乎，所以沒來救我。我覺得被神傷害了。因為恐懼，我披上了悲觀主義的保護殼；這副外殼不僅阻斷了再次受傷的可能性，也隔絕了喜樂的可能性。

讓我們回顧一下腓立比書第四章，保羅寫道：

「你們要靠主常常喜樂。我再說，你們要喜樂。讓你們的理性為眾人所了解。主已經近了。應當一無掛慮，只要凡事藉著禱告、祈求，和感謝，將你們所要的告訴神。神所賜、出人意外的平安必在基督耶穌裡保守你們的心懷意念。

弟兄們，凡是真實的、可敬的、公義的、清潔的、可愛的、有美名的，若有什麼優秀，若有什麼稱讚，這些事你們都要思念。你們在我身上所學習的，所領受的，所聽見的，所看見的，這些事你們都要去行，賜平安的神就必與你們同在。」[6]

是的，我一直忠於從心意中驅散某些陰暗厄運的念頭，但除非我願意讓更好的念頭進入停駐，否則定要繼續陷在恐怖念頭裡。腓立比書第四章中有個地方，我知道不應該錯過。聽庫特講課時，我意識到保羅所說：「看哪。你可以自己試著保守自己的心懷意念，也可以把這個守護交給神。」

我守護自己心懷意念的方法顯然是一堵比天高的牆，以及喜愛說「好」，以便掩飾我視神與他人為加害者，以及對他們愈來愈多的憤怒。

「珍妮，妳好嗎？」

「好！很棒！」

「現在呢？還是不錯嗎？」

「比好還要更好……真的！換妳說！我們來談談妳。」

神的方法更好。祂的方法會領我走向平安。

反正，這就是我所理解保羅所說的話。如果我可以練習去思考什麼是可敬的、什麼是正義的、什麼是可愛的，還有優秀和其他一切，我將會在我心中體會到神的平安。

我真的非常、非常想要那份平安。那，我怎麼還是如此悲觀呢？

因美而驚奇

我第一次看專業音樂劇，是在二十出頭剛新婚時。百老匯有家公司正在巡迴演出《悲慘世界》（Les Misérables），就在我們小岩城的舞台上演。我看過學校演的劇，還記得當時有個念頭是，*會有什麼不同嗎？*

結果，是很不一樣。

澤克和我才剛大學畢業，很窮，但我們還是湊錢買了最便宜的票。

在整場演出中——小小珂賽特（Cosette）邊唱著《雲端城堡》（Castle on a Cloud），邊夢想著好日子；愛波寧（Eponine）深深地愛上了馬留斯（Marius），只可惜馬留斯沒有同樣地愛上她，於是她唱著《單戀》（On My Own）；還有似乎所有演員都在場齊唱的《只待明天》（One Day More）——我整個人撲在與樓下管弦樂團隔開的欄杆上，努力想抓住我看到的一切，卻是徒然：旋轉的舞台、精緻的布幕、華麗的服裝、催淚的優美歌詞。我坐在那兒目瞪口呆，就好像我這輩子連一部音樂劇都沒看過似的；我當晚的領悟就是直到看了那齣《悲慘世界》，我才算是看過音樂劇了。

「美」會打斷我們、喚醒我們，打開我們、切開我們，重新啟動我們的心。即使此時此刻已是無比絢爛，「美」是神在說有更加美好的事物即將到來，那是一個超越我們想像的世界。那是超越我們盼望的神。是一位讓我們眼界大開的神。

因為這樣，加上與優秀的、可愛的、真實的事物千百次的相遇，我們離開時便與以往不同了。我們就帶著所受的影響離開了。我認為，當保羅告訴我們要將念頭設定在什麼上面時，這就是他給我們的暗示。

當我們訓練自己把注意力放在真、善、美和令人讚嘆的事物上時，好事就會發生。而且，除了明顯的情感體驗之外，那些來自神之手的美好事物會為我們指出創造「美」的那一位美麗的人。

悲觀主義把心意放在地球的事物上，所以失去了希望。美讓我們的目光瞄準天堂，提醒我們還有希望。

在美的面前，悲觀會崩潰。

約翰．派博（John Piper）牧師曾提到他以前的教授克萊德．基爾比（Clyde Kilby）對於有益心理健康的十項建議。其中第六項建議是這樣的：「我會睜大眼睛，打開耳朵。每天有一次，我會只是凝視著一棵樹、一朵花、一片雲或一個人。我一點也無需在意他們是什麼，只是很開心他們存在著。」[7]

我第一次讀到這些文字時，便想起了大學三年級的事，當時我在姊妹會帶領二十幾名大二生的查經班。預定上課的某個晚上，我充分準備了《聖經》某段落的詩節，之後便來到課室。但是大家都就座後，我就知道必須得改變作法。圍著我坐一圈的女生根本吸收不了我備好的課程內容。她們看起來都是一付洩氣、挫敗、生氣、疲憊又困惑的模樣。我一言不發跑到姊妹會的樓房外，從附近的樹摘下一片葉子，再跑回去，坐下來。

「女孩們，」我說，「我要妳們把這片葉子傳下去，大家都要好好地觀察。好好看一看葉面的中肋、紋理、葉脈。看一看它的顏色。看一看那些細節。看一看它的形狀、輪廓、莖。」

我承認這樣一堂實物教學課實在是超級誇張，但是妳知道嗎？那堂課就只做這件事。神不遺餘力地製作這一片葉子。難道祂對我們的生命不會有更大的用意和關懷嗎？我們並不孤單。我們不是偶然的意外。神不會不知道我們的處境。無論是什麼壓得我們喘不過氣來，神都會很愉悅地把它從我們的肩上卸去。

想一想孔雀，它的叫聲響亮。它身上的色彩和細節，則是讓人沒理由地開心起來。除了神，誰會這樣做？

或是，交響樂聲增強到我們幾乎聽不了的程度。聽到這種，我就會仰起臉，身體姿勢也會挺立。

或是，哈維颶風重創德州時，一名男子在積水高達兩英尺的客廳裡彈奏泡水鋼琴的影片。[8]

或是，花瓣的排列樣式——百合花有三片、蝴蝶蘭五片，菊苣二十一片，雛菊三十四片。那可不是隨便排的，妳知道嗎？神都想過了，才嗖地把他們全創造出來。

我選擇喜悅

或是，颶風和貝殼都有的完美螺旋。或是，鳥類結構化的飛行模式。或是我們的手肘、手指和腳趾的設計。如果妳留神，只要妳有眼睛可看，處處皆然。

這種用意是存在的。

如此匠心。

如此難以置信的實用性。

如此之美。

昭然若揭。

科學家們不知道這是否全都純屬巧合。但我知道得更多。妳可能也是。詩篇作者宣稱：「諸天述說神的榮耀；穹蒼傳揚他的手段。」[9]**「善」的用意不僅僅在於使人感覺好，更是要讓人面向神。**

那天在領袖營隊，神用我「雙手環抱胸前」和說「好」的臭臉打醒了我。其中更特別的是，神用了一篇短文。這篇簡單優美的短文是有關遇到了意外狀況後的混亂心情。儘管這篇《歡迎來到荷蘭》（Welcome to Holland）的故事是在講發現自己的孩子有特殊需求，但蘊藏其中的道理卻能適用在許多情況。

我的朋友米卡（Mica）把這個故事裡她所記得的內容講給我聽，穿透了我精心建造的保護牆。

這個故事[10]講的是妳在計劃一趟精彩的意大利之旅，買了旅遊書，排好了行程。但是妳一下飛機，才意識到已經降落在荷蘭。荷蘭也還不錯，但是妳的朋友都在享受妳夢寐以求的意大利假期，而妳卻在荷蘭，沒有朋友，也沒有計劃。

我會哭是因為我獨自一人在荷蘭，很想知道為什麼神覺得這樣好像也可以。祂為什麼不問問我怎麼想的，就任我在不是我安排的、也不是我想要的計畫裡聽天由命？祂為什麼要讓我掉進桌旁的黑暗縫隙，還讓我就在那兒待著？

「大聲說出來」讓我看見了自己都不知道自己正在承受的傷害，並減輕了我的痛苦。保羅說的那些要去想的念頭——所有美麗的、優秀的、公義的事情——都能軟化多疑的心，都能帶給混亂的心智清楚明白。

整個週末都與我最喜歡的人們，加上一位有才華的輔導員在一起，就是要把我們的內在引出來，而神用一篇短文就鬆開了我緊緊環抱的雙臂。

美，證明了人外有人、天外有天。美，證明了即將到來的世界。

美，證明了有造物者的存在，祂愛著妳，祂帶來深深的喜悅。

我們選擇了信任，而不是悲觀時，美將如潮水湧入，阻斷悲情。

推倒心牆

阿姆斯特丹大學研究員米歇爾・範・埃爾克（Michiel van Elk）最近提出他如何利用大腦的「核磁共振造影」顯示出敬畏心會減低自私心。當我們對某個東西感到敬畏時，我們會變得比較沒那麼自我中心，比較以他人為中心，而與身旁的人更加緊密連結。[11]

感到敬畏時，我們敬拜。

悲觀和敬拜無法共存。

我想著我那時有多麼悲觀、用雙臂環抱著的自我有多麼不願意選擇信任。我不希望有人來找我——當然，這就是問題所在。悲觀被拿在撒旦手中時是特別強大的工具，因為即使妳我都已被它打倒在地，我們仍然看不見自己需要幫助。

我們都認為自己很好啊，多謝了。

真相是？我們迫切需要耶穌。

火星人布魯諾（Bruno Mars）多年前發行的一首情歌，歌詞寫的是：「為了妳，我會去接手榴彈……為了妳，我會跳到火車前面。」[12] 雖然這首歌曲調動聽，但我可不認為布魯諾真會為了妳去做那些事情。

但是，猜猜看誰會？

猜猜看誰已經這麼做了？

耶穌，神之子。他勇敢地做了最大的犧牲，要敲醒我們自以為「我誰都不需要」的那種淡漠態度、那種心智、羞恥、疑慮。祂進入了我們的現實，並以我們渴望的真實故事制止了我們。

幾個月前，我在某次活動上講了幾個小時，與此同時家中出了點事。我的小女兒卡羅琳（Caroline）不小心把自己鎖在樓上的浴室裡，無法脫身。我們在達拉斯的房子是百年老屋，這意味著窗框上大概有十八層漆、地板不平整、門把容易脫落。這就是甜心卡羅琳在浴室門的內側所發生的情況，讓她受困在浴室裡。

澤克和我一起出席那次的活動，他回訊息回到快瘋掉，一開始是回卡羅琳，接著是回兒子康納（Conner）。康納當時住在幾英里外的大學宿舍，但如有神助似地，碰巧回家拿些東西。我是直到他們互傳訊息之後兩小時才知道這些事，然後我大笑起來，笑著笑著就哭了。

澤克發給卡羅琳以外的孩子們：

嗨，你們快去救卡羅琳，她被困在浴室裡了。

澤克給卡羅琳：卡羅琳，妳出來了嗎？

康納給澤克：真糟糕。

澤克給康納：媽媽上台了。

康納給澤克：我可以破門而入嗎？

幾秒鐘後，康納給澤克：現在毫無頭緒，我得回學校了。

背負著使命感的康納給澤克：沒一樣有效的。

康納給澤克：（傳送自拍照，他現在穿戴著高中美式足球頭盔、運動衫、全套護具）

康納給澤克：把門弄倒。

澤克給康納：不可以。

康納給澤克：我戴好護具了，爸，我可不可以直接進去帶她，沒辦法了。

澤克給康納：不可以。

凱特給澤克和康納：我馬上到家了。

澤克給所有孩子：卡羅琳，妳等會兒，媽咪講完我再聯絡妳。

澤克給卡羅琳：等的時候，就照妳平常在浴室那樣做事情。那應該就夠妳忙兩三個小時了。

康納的自拍照，那表情有一種的堅定承諾、決心、關心，「卡羅琳，我為妳而來！」。

朋友啊，這就是我想到妳在外頭與各種黑暗、漩渦搏鬥時的景象……

耶穌為我們而來——為了妳我，而我們還抱著雙臂。常常不滿、發脾氣、沒信心、疑心重、悲觀消極的我們。

我知道我說過能夠「中斷並轉換雜念」的念頭是「我可以選擇」。

其中有一個真實原因。原因就是「耶穌先選擇了我們」。

因為他破門而入，在祂的美與慈愛中拯救了我們。祂披掛上陣，為我們而來。這就是為什麼我們雖期待最壞的情況，卻不悲觀。

因為神已承諾，會給予一個比我們所能想像更好的永遠。

為什麼他們從不聽我說話？

但我是對的！

你不在乎我

我會證明他們都錯了。

這些都不是我的錯。

沒人在乎我的需求嗎？

我自己來吧。

12 第二重要

我選擇——服務神與別人

不久前，我斥責了一個「意福：聚會」的同事。更糟的是，這位是新來的，還不了解我，所以她不知道我平常是不會罵人的。最糟的是，我沒有道歉。至少，沒有馬上道歉。

至於她是做了什麼事情刺激到我，讓我產生——姑且說是「過激」——的反應，細節我就不多說了。但是我的反應太憤怒、太激動、脾氣太大，完全拒她於千里之外。我看見自己不想理她。只有傻瓜才會看不出來吧。但是，我有去請求寬恕來補救這種情況嗎？沒有。我繼續過我的一天。（題外話：如果妳想來「意福：聚會」實習，請不要因此就不申請了哦。百分之九十九的時間裡，我是真的、真的很好的一個人呢。）

黃昏時刻，我離開辦公室後，是有考慮過打電話向這位團隊新成員道歉啦，但接著我的思路就開始走上自我辯護的旅程：或許她不覺得這有什麼大不了的。人家可能早就忘了，繼續前進了。或許打這電話，反而引起對方注意到我的一些小錯，只會惹出更多事情啊。

我想的是，正因為她的觀點大錯特錯，所以我才把自己的反應合理化。我也想到自己當時有多累、有多餓、有多麼應該得到一些些恩典。是的，我很確定如果她知道我所承受的所有壓力，她會想要給我恩典的。

乾脆，我就先給自己恩典。

如果當時我能再多注意些，就能認出這個謊言：我的自尊是人生的有效導航。

或許妳有同感？我們會去比較、對照，批判、合理化，然後花上一大把時間來確認自己在這個世界上的身分和地位。也許這就是為什麼使徒保羅告誡我們，切莫自視過高。反而，我們要「恭敬人，要彼此推讓。」[1]

但是，要培養出這種人生態度，我們必須刻意、持續地去阻斷某些念頭的自然軌道。

追隨基督生活的思想家當中，我最喜歡的慕安德烈（Andrew Murray）是十九世紀的牧師，他也是一名多產作家。他寫過最有名的一本書就是關於「謙卑」這個主題。實際上，這本書的書名就是《謙卑》。雖然不是有創意的書名，但有時候，意思簡單明瞭，效果最好。

慕安德烈在書中詳盡指出「認為別人比自己更為重要」這類念頭的細微之處，而且用崇高的詞彙來形容這種謙卑，例如「參與耶穌的生命」、「全然依賴神的地方」、「唯一讓恩典紮根的土壤」、「讓靈魂準備好依賴信任而活的性情」、「我們的救贖」、「我們的救主」。[2]

他還說：「經常有人問，看到別人的智慧、聖潔、天賦或蒙受的恩典遠遠低於我們的時候，如何能把別人看作高過自己呢？」[3]

啊，妳看，這就是我喜歡慕安德烈的原因。他清楚知道我們的心意會如何對我們不利，而他有勇氣把那些真實念頭付諸於文字！

驕傲說：

錯的人是他。

這場烏龍是她過度反應造成的。

我沒那麼糟糕。

我對自己斥責同事的想法是，這又不是什麼大不了的。

妳或許知道這個故事會如何發展了。

在接下來的二十四小時，《聖經》有一段話不斷在我腦海浮現。事實上，每次我禍從口出時，總會想起彼得前書第二章中的一段經文。全文主要是在講該如何作為神所揀選的特殊子民而活，而簡要的答案則是，我們要遵循耶穌的榜樣。但是我猜，這妳早知道了！

然而，接下來才是事情變得很難的地方，至少對我個人而言是這樣。耶穌從天堂來到凡間，接受了人的身體，終其一生完美無瑕，最終神宣佈祂是聖潔的。其中包括了祂與各宗教領袖的緊張對峙，而他們決定把祂釘死在羅馬人的十字架上。根據第二十二節詩，「他並沒有犯罪，口裡也沒有詭詐。」對於這樣的一個人竟是如此的對待。

因此，耶穌發現祂自己站在有力人士的面前，這些人手中握有判祂死刑的權力。他們質問祂、謾罵祂，經文上說——要求祂為自己辯護。耶穌面臨一個關鍵決定：祂要如何回應？

祂的答案每每令我深自悔悟。「他被罵不還口；」第二十三節說：「受害不說威嚇的話，只將自己交託那按公義審判的主。」

嘆。

耶穌沒有做錯事，被冤枉時，也是保持緘默。我同事或許、有點、稍微講錯話，但我的回應就是要殺無赦？

謙卑之路

關於面對「惡念模式」時可以做出的各種選擇，關於可以選擇去想的不同念頭，亦即能反映出基督心意的念頭，我們已經談了好幾個章節。

例如，當我們被誘惑，利用忙碌讓自己無暇去處理真相時，我們反而要選擇——在神的面前靜默。

當焦慮、懷疑和恐懼吞噬著我們的心意時，我們反而要選擇——憶念關於神的真理。

我們可以想想祂的親近。

我們可以想想祂的良善。

我們可以想想祂的給養。

我們可以想想祂給的愛。

當我們被誘惑而相信自己在這世間是孤身一人時，我們反而要選擇這個念頭——

「神的靈活在我裡面，因此，我從不孤單。有愛我的人們，有想和我在一起的人們。我可以去找他們，而不必坐在這裡，卡在這裡。」

當我們被誘惑而想要用悲觀的念頭——人生沒有價值，努力毫無意義，事情到頭來都不重要，沒有人可以相信——這樣去思考的時候，我們反而要選擇——對周圍的世界開放自己，在神本人，以及祂為我們所做的一切之中得喜悅。

這些都是可以做的選擇，都可以讓我們重組思維模式，並幫助自己成為那個我們渴望成為的人。

這為我們帶來了擺脫惡念模式的第五種武器：謙卑。我們心意的大敵之一，而且在本世代尤為猖獗的，便是「自我膨脹的觀點」，這種價值觀在社交媒體上到處都是，在我們所觀看的節目和電影裡，甚至我們所閱讀的自救書中也有很多。不斷餵養我們的訊息說我們是關鍵人物、我們有多麼重要——而我們也相信騙子所說的每句話。

我們可以做出不同的選擇。

當敵人邀請我們品嘗「自我重要感」的果子並「如神一般」時，[4]我們反而要選擇背負起我們的十字架跟隨耶穌，因為我們知道真實的自己獨獨只停靠在祂的裡面。

不過，人性當中的一切是會竭力反抗的。

謊言：我的自尊愈高，生活就會愈好。

真相：我愈選擇看重神和別人高過自己，我就會愈喜樂。

在你們彼此之間的關係中，要有與基督耶穌相同的心態：

祂，本質即為神，卻不自以為與神同等，

並用來為自己謀利；

相反，祂接受人體的形像、僕人的本質，

甘於做個無名小卒。

祂被發現以人的形象顯現時，便謙卑地順服於死亡——甚至是在十字架上死去！[5]

我選擇服務神與別人，而不是服務自我。

我最近在「圖享」上發布了這段引文，一般認為其原文出自慕安德烈：

「謙卑是內心的完美寂靜……是沒有期待；是別人對我怎樣都不奇怪；是別人不利於我，也不覺得有什麼。是沒有人稱讚我，反而指責我或鄙視我的時候，我依然從容自

我們可以選擇

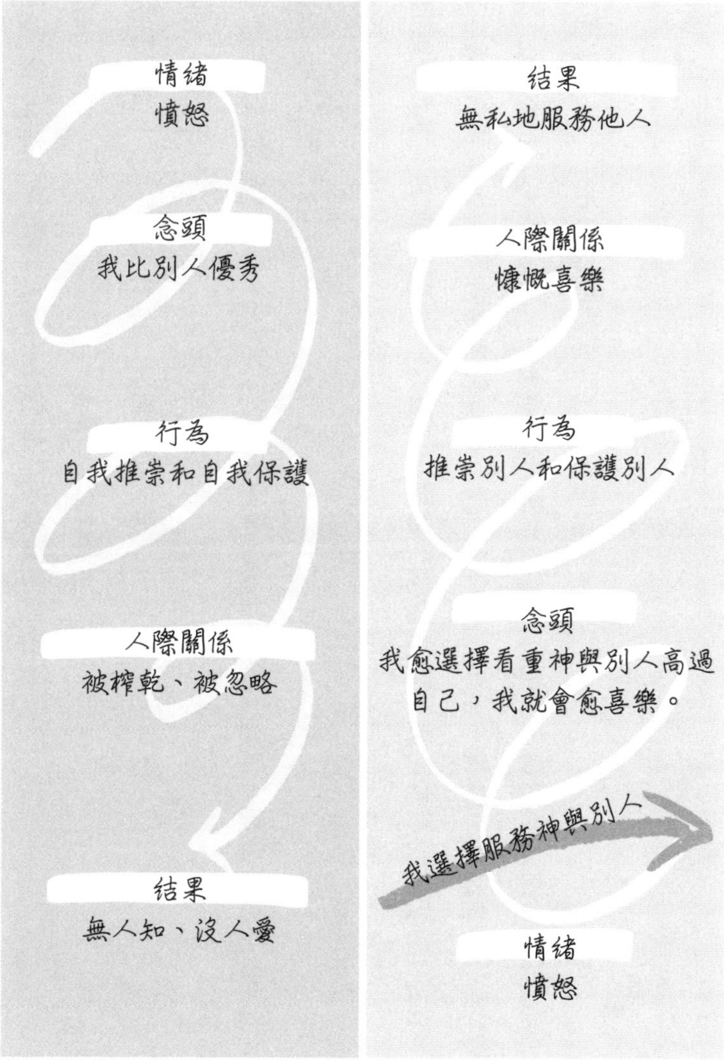

情緒
憤怒

念頭
我比別人優秀

行為
自我推崇和自我保護

人際關係
被榨乾、被忽略

结果
無人知、沒人愛

结果
無私地服務他人

人際關係
慷慨喜樂

行為
推崇別人和保護別人

念頭
我愈選擇看重神與別人高過自己，我就會愈喜樂。

我選擇服務神與別人

情緒
憤怒

若。是在主裡面有一個幸福的家，我可以進去後把門關上，祕密地跪在我父親面前；是當周圍滿是煩憂時，我處於平安，有如身在寧靜深海之中。」

那則貼文下方的留言都很好玩：「哇。這太難。」

「多稀奇啊。」

「哇。好傷。」

謙卑不可能違逆世道常情。我們的念頭漩渦飛轉，不能理解「無需要花招爭取認同，而是以從容自若為好」。

但很有意思的是，我們之所以被創造，並非是來以自己為世界中心的。

「自我重要感」會弄亂我在之前幾章告訴妳的那些美麗的鏡像神經元。妳還記得它們是做什麼用的嗎？它們能讓我們與他人共感，並於內在層面上連結。當我們因「自我重要感」的念頭而自負自大時，我們的鏡像神經元就會受損。這就是為什麼身陷於自大漩渦裡的我，幾乎不可能真正理解我同事的觀點。[6]

毫不優秀

使徒保羅體現了「即使受到指責或鄙視時，也能從容自若」這個概念。儘管受監禁（極可能是軟禁），也不知自己是否會遭處決，但他宣示了心中願望，說要高興、要讚美神、無論身在何處，都要傳播好消息。「只是我先前以為於我有益的，我現在因基督都當做有損的」他說。

的確，由於認識到我的主基督耶穌價值非凡，我把一切都當做有損的。我為他已經丟棄萬事，看做糞土，為要得著基督，並且得以在他裡面，不是有自己因律法而得的義，乃是有信基督的義，就是因信神而來的義；使我認識基督，曉得他復活的大能，並且曉得和他一同受苦，效法他的死，或者我也得以從死裡復活。[7]

保羅不在乎自己的損失，也不在乎成就，真是不可思議。他不在乎全世界其他人都在高度重視的東西。我的意思是，他甚至不在乎他自己。只要他能更了解耶穌，他完全不在乎自己會發生什麼事。實際上，我們這些人當作是很重要的東西呢，保羅說是「糞土」。

我發現保羅的這些見解令人難以置信，尤其是在我們這個時代。如果我得說出二十一世紀的文化中最具破壞力的思想，那就是我們不斷追求優秀。我們花了很多力氣，努力讓自己更與眾不同、更成功、更聰明、更強大，更瘦……好棒哦。我們喜歡優秀。這麼優秀，實在好棒。

我們希望成為優秀的人，*就像是有成就、很成功之類的*。當然，我們會用比較能接受的語彙來表達，例如「為國家做大事」或「傳揚神的聖名」。然而，不知怎地我們的念頭會很微妙地轉變成不是以神為中心，而是以我們自己為中心——我們要如何達成目標、實現夢想、擴大影響力、站在成功的起跑線上。

我來告訴妳一個小故事。自從我認識我朋友海瑟（Heather）後，一直以來只要是要用到她寫作和教學的才能時，她就像要崩潰。她確實有能力做得到，所以我們許多朋友都鼓勵她去做，儘管如此，若非有什麼特別原因，她是絕不會去做的！

最近我們講電話聊近況，對於在各自的跑道上往前衝的朋友們，她有一些批判性的觀點。

這些朋友是我們倆都愛的人，她們都是正在建立、服務、拚著命冒著險的人。

咦，為什麼我那位極為可愛、虔誠、富有創造力的朋友竟會挑剔至此？因為啊——（她肯定會討厭我把她講成這樣）這有點像是脾氣暴躁的中年男子坐在足球賽的看台上，邊吃著玉米片，邊指揮牛仔隊應該怎麼打這場賽才能擊敗酋長隊——她也在比賽看台上，吃著玉米片，卻不需以身涉險。

我們花了大把時間環顧其他人，不是要鼓勵他們成長，而是在弄清楚我們自己與之相較後如何如何。我們說服自己相信，是神要我們更優秀。我們都在講「賦權」。但是，不是我被賦予權力時，而是當我在祂的大能裡面從容自若之時；唯有當神位於中心時，才會有長久的喜樂。

當我們的念頭滿滿都是自我的時候，我們會忘記自己其實非常需要耶穌。我們會相信「自我賦權」這種謊言：「妳可以的。」我們忘記了我們受召喚要背起十字架來跟從祂，分擔祂的苦難，「既然蒙召，行事為人就當與蒙召的恩相稱。凡事謙虛、溫柔、忍耐，用愛心互相寬容，用和平彼此聯絡，竭力保守聖靈所賜合而為一的心。」[8]

我對同事做出了無理回應，然後覺得焦慮、內疚、惱怒。為了讓自己覺得好過些，我把這些感覺往內壓，然後繼續過日子。後來又覺得內疚，但我沒道歉，反而是羅列為什麼是「我對她錯」的原因。

注意到以下連串的字句中有何共同點嗎？

我覺得焦慮。

我覺得內疚。

我覺得生氣

我塞滿情緒。

我繼續前行。

我列出原因。

我決定了我沒有錯。

我、我、我、我、我。

我的五感中充滿著妄自尊大，讓我不斷地為自我辯護、防禦、放棄責任、拒絕讓步。

在這個小場景裡，「自我」是核心，也就是破壞了我和同事關係的那位。

謙虛。謙虛有時候真的好難，妳知道嗎？我與學步小兒沒什麼兩樣，寧願失去所有最喜歡的東西，也不願說聲：「對不起。我錯了。」

然後我想起耶穌。

明明無辜，卻被冤枉。

卻仍有全然謙卑之心。

我們的朋友，使徒保羅指出耶穌是嚮導，引領我們放下「優秀」。在腓立比書第二章中，他寫道：「在你們彼此的關係中，當以基督耶穌的心為心。」[9]

是什麼樣的心？

祂本有神的形像，不以自己與神同等為強奪的，反倒虛己，取了奴僕的形像，成為人的樣式；既有人的樣子，就自己卑微，存心順服，以至於死，且死在十字架上。[10]

祂以僕人的形像，清空自己。

祂存心順服，以至於死，卑微自己。

妳和我一樣覺得這聽起信念十足嗎？

一項需要清空自己、懷著最大的順從、懷著極大的卑微之心的犧牲——這不僅僅是耶穌為人類所做的一項善舉。這也有成為典範的用意——亦即，祂的追隨者會不斷去實踐的行動。

召來利己主義的終結。

忍受夢想的破滅。

考慮結束過度消費主義。

成為最不厲害、最不受喜愛、最後的那一個。

我選擇謙卑

耶穌深深地卑微自己，我們自然而然也去過最謙卑的生活。如果我們選擇這樣的話，就是這樣。

謙卑有利的一面

當我們意識到自己已經深信「自己很優秀」這種謊言，而想改選謙卑時，我們便可以效法耶穌的榜樣，祂「不以自己與神同等為強奪的……」

祂「反倒虛己……」

祂「取了奴僕的形像……」

祂「就自己卑微……」

祂「存心順服，以至於死，且死在十字架上。」

這些促進以上行為的美德，若我們能加以效法，那就是把神放在了祂應有的位置上了。我們用「神是誰」以及「與祂分開的我們有多匱乏」這些真理代替了「我們很偉大」這種謊言。謙卑便成為我們心中唯一合理的心境。

在我「殺無赦」事件的翌日，無可否認神已將我定罪。於是我把這位同事拉到一旁，請求她的寬恕。「昨天我對妳說了那些話，對不起。」我說：「我錯了，真的很抱歉。我回應妳的態度真的很沒有道理。」

妳知道的，我還納悶說，或許她不會在意這麼小的小事，或許她會略過不想，繼續前進？是吼。並沒有。

「可以先讓我冷靜一會，」她輕聲問道：「然後，我們再坐下來講嗎？」

我傷到她了——蠻重地。她已經難過了二十四小時。

《聖經》清楚表明，謙卑帶來很多好處[11]，不過，且讓我謹記著這段與同事的不愉快經驗，在此提供給讀者三個具體好處。

謙卑讓我們放下「要很優秀」的念頭

我知道自己有一種特質，而且以前還常會花很多時間去掩飾：離我太近的話，我會很快、很常地讓妳感到失望。

雖然我討厭這個事實，但這是事實。顯要的地位是悲慘的家，我這位新同事能愈早意識到這點愈好；這句話的意思是，她其實是在為一個罪人工作，只不過這罪人剛好是這個組織的領導人（這罪人還不巧臭罵過她一次，後來又覺得很糟糕，嗯哼）。

哦，我並不是在為自己的行為辯護，但事實是我會犯錯。我會自私，有時還會不體貼又脾氣暴衝。我會讓她失望的。我其實不想這樣做，但時不時這種事就是會發生。我絕對會再次搞砸的。我怎麼會說出這些話來？

因為我逐漸了解自己並不是真的那麼優秀。

在妳急著為我說話之前，我要說：*我認為這種了解即為目標*。妳對我有何想法，我不太在意。連我對我自己有何想法也不太在意。如果我們能珍視這兩個簡單的事實，妳知道我們能體驗到多大的自由嗎？

我兒子庫柏今年十歲，是「自我重要感」活生生的化身。我極愛這孩子，但我也很堅持自己評估的結果。我認為大家十歲的時候都是那樣的：覺得自己的事都是大事——至少認為自己就是非常重要。（中學校方常常得處理這類事情，所以我也就順其自然。）

反正，庫柏對衣服鞋子的注重程度遠超過他兩個十幾歲姊姊的總和。他前幾天早上穿著祖母買給他的喬丹（Air Jordan）潮鞋下樓來，還提醒我說他「需要」一件皮夾克。他好幾個禮拜以來都在討一件皮夾克穿。真不曉得他見過他哪一位籃球英雄穿著皮夾克了，但現在的庫柏除非擁有自己的皮夾克，否則他的人生就是不完整。

「我只想要看起來酷一點啊，」他懇求的眼神這樣對我說。

妳和我有什麼不同嗎？一個十歲，一個四十歲，但我們的眼神說的正是同一回事。

當我（最終）選擇放下身段，對那位同事謙卑我自己，並求她原諒我所做的事情時，我鬆了一大口氣。我做了神要我們做的那件令人畏縮的事，那是妳我都討厭做的事。

我謙卑自己了。

我道歉了。

我又把事情喬好了。

就在今天，她和我在發簡訊講上次衝突的事，現在我們都能笑談此事了。我知道近來很流行講「誰誰誰有多優秀、我們每一個人都是很特別的、是有天賦的、也都是充足的。但我必須告訴妳，我在《聖經》中找不到這些概念。我們只能在基督裡找到自己的「充足」。真要說有什麼區別，神說的話其實是在告訴我們：要與我們社會文化所持的觀點相反，並帶著這相反的觀點出走，自立門戶：我們軟弱實際上是好事，因為基督的能力會在我們身上更加顯著。[12]

我認為這個訊息好極了。

我最近讀了一篇文章，內容講的是成功後所帶來的問題。文章裡頭引用某位人士所說的話；以世俗標準來看，他的成就相當了不起。他是這樣說的：「把人生想像成有兩個氣壓計。」

一個氣壓計是這個世界怎麼看妳。另一個則是妳對自己有什麼感覺。妳的社經地位提高時，妳對自己的感覺就會往下墜。人們濫用精緻食品、酒精、毒品或性行為，就是不想讓自己太過於成功。為什麼高高在上的執行長會有自尊心的問題？原因很簡單：覺得自己像一袋（……）的人會過度補償，而且行為舉止就像創世紀的眾神。[13]

自我重要感總是會帶來自我毀滅。因為我們天生就不是神，怎能像眾神那樣活著。

儘管已經有很多證據證明一味追求成就的壞處，但是，成就仍然是我們這一世代最讓人上癮的毒品。

聽好。我們不想去醫院，也不想住養老院是有原因的。我們裝腔作勢是有原因的。我們購買標示有「抗衰老」的東西是有原因的。我們駕駛的車輛數字多過於買得起的車是有原因的。我們注意食品標示是有原因的。

即使基督是那唯一一位很優秀的人，我們都還是希望自己也很優秀。

這是跟隨基督所信奉的真理當中，最讓人解脫、卻又最鮮為人知的一點：因為耶穌的犧牲，所以我們從而得到祂的優秀。我們得到祂的公義。我們得到寬恕。我們得到從容自若。我們為自己的靈魂得到恩典。

謙卑讓我們想起了這個真理。它說：「放鬆吧。你唯一的希望是耶穌。」這是個好消息，讓我們能把長久憋著的那口氣，都給呼出來。

謙卑幫助我們以神的角度看待人

之前我告訴過妳，我喜愛慕安德烈的原因之一是，他有勇氣承認妳我可能不時會想到的事，亦即「他們（無論他們是誰）是這樣傷害別人／討人厭／不對，我怎麼能對他們謙虛？」

以下是他針對這點的想法：「會問這樣的問題立即證明了我們對真正的卑微並不了解。依照神的意思，真正的謙卑是我們始終認為自己微不足道，一直願意割捨、拋下自我，讓神成為全部。」[14]

「拋下自我」。這句話現在很少人使用了，但說得真是好。這句話的意思是把我們自己的擔心和考量放一邊，放得離我們遠遠的，放到神身上。馬太福音第六章第三十三節承諾，我們拋下自己的憂慮時，神便應許要照顧我們。當我們「拋下自我」時，會發生一件很棒的事情，那就是我們會有餘裕，會為別人著想了。當我們不忙著被自己的「自我」消耗殆盡時，便會注意到這世界還有別人，而我們或許能夠服務他們。我們會以嶄新的眼光看待他們。我們會看見他們的脆弱、他們的需求。

當我醒過來，看清事實，覺得需要向那位同事道歉時，我的同理心也醒來了。我去找了這位隊友，承認我的疏失說：「可以請妳原諒我嗎？」之後，我便能夠從她的角度去看事情了，也能夠理解到自己的行為有多損人、多不對。

傳教很猛的浸信會牧師查爾斯．司布真（Charles Spurgeon）曾經說過：「你自己的靈性之美或許在很大程度上取決於你在別人身上能看到的東西。」[15]直到我選擇卑微自己之後，我才能看到我那位同事的挫敗感、她的焦慮、她的痛苦。

箴言第四章第七節詩說：「智慧為首，所以要得智慧，在你一切所得之內必得見識。」謙卑讓我們很快便可得到這兩者。

謙卑幫助我們像耶穌那樣對待人

選擇謙卑的第三個好處是，我們可以用在有需要的時候。請妳回想，我同事回應我的道歉時，曾要求說她需要一點時間冷靜一下。除非心境謙卑，誰能遷就這種要求？妳還需要時間考慮，才能決定是否要接受我道歉？

她這樣要求時，我還記得我想的是，不對。我想讓這件事變得更好！猜猜怎麼著？這根本與我個人無關。她完全有理由提出此一要求。

謙卑說：「我不僅看得到你，而且我選擇將你的需求排在我的前面。」

所以我說……總之意思就是：「朋友，當然啊。看妳需要多少時間都可以。我會在這裡等妳，等到妳準備好再和我談。」

無與倫比的樂趣

不久前，我的女兒凱特和我談論一齣我們都喜歡的「網飛」節目，她說：「妳知道嗎？我喜歡這齣。但我也討厭這齣。」她接著說，她已經意識到看「網飛」打發時間，這完全是按社會標準可接受的休閒選項，卻並不是個有益健康的選擇。「當我一整晚都這樣做，」凱特說：「而不是，嗯，去讀《聖經》或禱告靜坐，與神會面；看節目的我會朝著完全不同的方向邁進，不同於做那些更能賦予生命力的事。」

她笑了。「真不知道這樣想會不會讓我變成書呆子之類的。」

我說：「我們都應該做這種書呆子才好。」

重點來了。我相信《聖經》。我想活出《聖經》的話。我想要每天都變得更像耶穌。儘管有這些崇高的意圖，但事實是，我自己變不出謙卑。在本書這一部分，為何我們的第一個選擇是關於靜默以及尋找神，這是有理由的。除非神將祂自己交給我們，否則我們是無法與祂更相像的。唯有我選擇與祂同在，並依靠祂，而不是相信「我是充足的」那種謊言，這時，謙卑才會到來。

我最喜歡的《聖經》辭典對謙卑的定義是這樣的：「讓人體驗到失去了力量和聲勢的一種低下或痛苦的狀況。」

接著，又用以下敘述詳加說明：「在《聖經》信仰之外，上述這種意義的謙卑通常不被認為是一種美德。但是，在猶太教／基督教傳統的背景下，謙卑被視為是人類對造物者適當的態度。謙卑是人由衷自發地體認到要感恩，亦即意識到生命是一個禮物，而且生命就展現在不抱怨、不虛偽地承認自己對神的絕對依賴之上。」[16]

在《聖經》信仰之外，謙卑是愚蠢的行為。誰會想要力量小一點，聲勢弱一些？但是在《聖經》的信仰範圍內，對神完全依賴的這種謙卑是高尚的品德。

如果神創造了我，並且愛著我，為什麼我要竊取任何祂的榮耀？因為我只是凡人，所以我無法竊取祂的榮耀，但為什麼我還要去試？

事實上，我們的心並不是真的在追求權力。心要的是喜樂。我們所相信的謊言是，擁有權力，喜樂就會降臨。當我們把權力放在一旁，在神的大能裡面從容自若時，喜樂就來了。當我們把重點放在喜樂所屬之處——神的「了不起」，而不是我們自己的「了不起」時——喜樂就來了。[17]

過程中即有恩典。庫柏正與妳我一起在學習這個真理。

我家庫柏這孩子說小也不小了，每一分鐘都在長大，常需要買新鞋，所以今晚我們一家人便去了體育用品店。他自己先前有賺了點錢，買得起他的朋友都想要的鞋子。可是他卻選了簡單款的，價格也低很多。有了這雙鞋他超開心的。

澤克今晚送他上床睡覺時，他突然說：「爸，我不想買那雙潮孩都在穿的鞋子。我覺得耶穌不希望我穿上那種會說『看我、看我』的鞋子。我穿這雙還是很酷啊。不算超酷，但也夠酷了。」

哦，妳我要調整念頭，不要讓我們的生活都在說「看我看我」，而是要讓我們的一切都在宣揚「看看耶穌！」

我為自己（也為妳）祈禱的是，我們將完全依靠神。我們會尋祂、找祂、學祂、倒向祂裡面，我們會像耶穌本人那樣地處世。我們會接受每一次的邀請，學習謙卑；相較於自己的需求，我們更重視別人的需求。我們藉著提醒自己要低頭，再低頭，不小看那些會讓我們成長的人事物。

我們的好朋友慕安德烈說：「每個基督徒在追求謙卑時，實際上都會經歷這兩個階段。」

首先，他會怕、會逃避，會尋求從那些能使他謙卑的事情當中脫離出來……他祈禱能得到謙卑，有時甚至非常懇切；但是在他內心深處，即使不用言語，而是願力，他祈求更多的反而是讓他擺脫那些會讓他謙卑的事物……謙卑尚未成為他的喜樂，和唯一的歡悅。他還不能說：「能在軟弱中得到榮耀，我最高興；無論是什麼，能讓我卑微自己的，我都很開心。」

但是我們可否希望達到這種境界？毫無疑問。那將帶我們到那裡去的會是什麼呢？

將保羅帶到那裡去的是——主耶穌的新啟示。[18]

要「無論是什麼，能讓我卑微自己的，我都很開心」這樣，哦天。目標這麼崇高。看待自己的處境和周圍的人，用的都是這樣看得開的一種方式。

「天父，今日請幫助我選擇謙卑之樂趣。」這是一個起點。

不公平。

我一直都覺得這樣。

此時，我只是想要活下去。

發生在我身上的一切讓我永遠都無法從中恢復。

我再也不會快樂了。

我不配得到這個。

我的人生本來不應該是這樣的。

我想繼續前進，但是我做不到。

你不會相信我經歷了什麼。

為什麼我都交不到好運？

13 不被困難克服

我選擇——感謝

我的好友布魯克（Brooke）覺得心灰意冷。她擁有大學學歷，也相信一定有比要站整天賣東西那種更能讓她發揮所長的工作可做。然而，一星期有六天，她要開二十分鐘的車從家裡去時尚家居名店（Anthropologie）工作，她只要一想起自己實際的生活跟她年輕時的夢想差這麼多，她就有一肚子氣。

然後，她聽到了某件事後，打開了眼，看見自己生活上真正的問題。

「我記得那是我開始在車上聽《聖經》的第一天，」她告訴我。才開始聽不到兩分鐘的時間，有一段話不經意地打中了她。

當時所念的經文是腓立比書第一章：「我每逢想念你們，就感謝我的神；」保羅說：「每逢為你們眾人祈求的時候，常是歡歡喜喜的祈求。因為從頭一天直到如今，你們是同心合意的興旺福音。我深信那在你們心裡動了善工的，必成全這工，直到耶穌基督的日子。」[1]

保羅內心滿溢感謝之情——這麼多的謝意。他感謝信徒同伴，感謝同工的勤奮，即使被軟禁，他也感謝監禁他的地方。這個人看管著自己的心意。

布魯克開車去上班途中，聽著腓立比書這些文字時，保羅和她之間的對比不得不讓她感到震驚。保羅宣講福音而被監禁，儘管受到了這種不公義的對待，但他還是選擇感謝。他選擇繼續祈禱，繼續服事，繼續與其他信徒並肩努力、為男男女女的心靈而奮鬥。

那布魯克選擇做的是什麼呢？據她說是：抱怨。

但是那天她的想法改變了。「珍妮，」她對我說：「我用嶄新的角度看待我的生活。」她意識到自己可以選擇看待工作的方式。那天早上她走進店裡時，便用全新的眼光看待同事。她決定要與他們打造真正的關係，並尋找照顧、服務他們的方法。她也開始與客戶進行不同的互動，不再將他們視為陌生的無名氏，而是活生生的人，是有著真實故事、可能也需要真實恩典的人。她開始利用開車時間來祈禱。這些新作法練習了一個月後，她告訴我她不再看輕自己的工作了。事實上，她變得很愛這份工作。

她眼裡不再只有環境不公平，也不再煩惱自己有多值得擁有更好的工作，可以讓她所學到的技能和教育發揮極致；她開始把這份不盡人意的工作當作是前進神國的良機。

神老早已將她置於戰略要地，讓她可以去愛別人，而今她很高興能成為祂計劃的一部分。

我這位朋友不找事情抱怨了，她現在都在找理由感謝。當初她還不知道，但是，她不僅僅是在上下班途中可以有更愉快的心情，在一天工作中獲得更大的滿足感，她還幫了自己好幾個大忙。透過選擇感謝，她換了一顆新腦袋。她是在允許神重塑她這個人，身心靈皆然。

感恩的話，大腦會怎樣

「受害者心理」也是我們心意上的另一大敵，會讓我們只想著宇宙之神以外的事物，並相信「我們只能受環境擺佈」這種謊言。

但是我們可以選擇。我們可以集中心思去記得，無論發生什麼情況，神公義的右手必然會堅定地扶持我們。[2]

而這將會讓我們的心意轉向感謝。

幾年前，《今日心理學》（Psychology Today）雜誌引用了美國國立衛生院(National

Institutes of Health)的一項研究指出，「整體上表現出較多感謝的受試者，他們的下視丘也會有較多活動，」如果妳大學時代上生物課時也是在塗鴉，那我可以告訴妳，下視丘是腦部的一個結構，負責調節飲食、睡眠等等身體功能。[3]

素直地說聲「謝謝」，做這一類的事情就像是在調整妳的內心世界。

受試者表達感激之情後，會體驗到多巴胺分泌增加，多巴胺是讓大腦感覺快樂的酬償性神經傳導物質。簡而言之，每當有受試者表達感謝時，大腦就會說：「哦！再來一遍！」就這樣，感謝會帶來更多的感謝，進而感到愈來愈多的謝意。「妳一旦開始看到可以感謝的事情，妳的大腦就會去找出更多值得感謝的事情。」[4]

研究顯示練習感謝的人會有七個主要的益處：

■「感謝打開了更多人際關係的大門。」對認識的人說聲「謝謝」這麼簡單的事情，會讓他更想和妳做朋友。

■「感謝增進身體健康。」常感謝的人比較會去運動，對自己的健康也比較能做出較好的決定，身體也比較不會疼痛。

■「感謝增進心理健康。」感謝減少嫉妒、沮喪和後悔等有害的情緒。

■「感謝增強同理心，並減少攻擊性。」有一項研究發現，「常感謝的人比較可能表現出『利社會行為』，」我認為這句話是「常感謝的人比較不可能是個混蛋」的優化說法。

- 「常感謝的人睡得比較好，」這句話本身就是妳我都該練習感謝的充分理由了。
- 「感謝可以提高自尊心」並使人能真心讚美別人的成就，而不是渴求自己才是那個成就者。
- 「感謝增加精神力量，」即使在困難時期，也可以助人減輕壓力、克服創傷並增強適應能力。[5]

只有一個問題：如果感謝對我們有那麼多的好處（是真的有；神是這樣子設計我們的），那麼，當人生沒有按照我們的預期去發展時，為什麼感謝會變得這麼難？

你準備好改變了嗎？

有沒有想過，為什麼有些人即使正面臨更困難的處境，但他們看起來好像還比妳快樂？或許妳曾拜訪過一些發展中國家的基督徒，本以為自己是去那裡服事他們的需求，可是後來看到他們的笑容、喜悅和無私，這才發現原來有匱乏的人是妳自己。

對，我就是這樣。

保羅這封寫給腓立比人的信，是有史以來關於喜樂最詳盡的論述，而當時的他其實是戴著鐐銬被軟禁著的。保羅領會到的是我們在西方舒適的藹居生活中絕少意識到的事情。他了解，因為我們是新造的人，所以我們擁有聖靈的力量，我們可以選擇。要改變我們的心意是有可能的。

我們不必團團轉——因為我們知道自己的幸福並不在於眼前所見的一切，而是定錨在更偉大的事物之上。

因此，這引發了第二個問題：妳在找尋什麼讓自己快樂？無論是鴉片類藥物或是他人的讚美，無論讓妳體驗到幸福或失望等強烈情緒的起因為何，它可能是妳活下去的原因。但它也可能毀了妳的人生。

如果保羅所看到的只是他的處境和無法結束的監禁，他肯定會感到喪氣。但是他的處境並不沒有決定他要怎麼想。是他對耶穌的熱愛，以及對一個良善、愛人、掌權的神的信任，充實他的內心，並給予他目標。使基督從死裡復活的大能，讓保羅在最可怕的情況下仍保有信任的聖靈，這同樣的大能與聖靈也是妳我完全可以得到的。就在此刻。

從耗弱的思維方式轉變為有益的、敬神的、有智慧的念頭時，我們便可以做出感謝的選擇。不管過去的傷痛或現在面臨的情況如何，我們都能成為始終如一、真誠感謝的人。

謊言：我是處境的受害者。

真相：我的處境給我機會，讓我體驗神的良善。

要常常喜樂，不住的禱告，凡事謝恩；因為這是神在基督耶穌裡向你們所定的旨意。[6]

無論生命帶來什麼，我選擇感謝。

保羅當然選擇了感謝。這一點從他承受的痛苦程度雖令人吃驚，卻又很快能對腓立比的信徒表示感謝得以證明。如果有誰知道痛苦為何，那就是保羅。在使徒行傳（9:15-16）中，主對亞拿尼亞說：「你只管去！他（保羅，又名掃羅）是我所揀選的器皿，要在外邦人和君王並以色列人面前宣揚我的名。我也要指示他，為我的名必須受許多的苦難。」

保羅當然受了許多的苦難。

在使徒行傳中，我們讀到保羅經歷了：

- 在大馬士革時生命受威脅
- 在耶路撒冷時生命受威脅
- 被趕出安提阿（Antioch）
- 在以哥念（Iconium）差點被石頭砸死
- 在路司得（Lystra）被人用石頭打，被當作死掉了
- 反對與爭議
- 與身兼朋友及傳福音的同工巴拿巴（Barnabas）分手
- 被棍打並入獄
- 被趕出腓立比
- 在帖撒羅尼迦（Thessalonica）時生命受威脅
- 被迫離開庇哩亞（Berea）
- 在雅典被嘲笑

- 在耶路撒冷被暴徒攻擊
- 被羅馬人逮捕和拘留
- 被鞭打
- 在凱撒利亞（Caesarea）被囚禁兩年
- 在馬爾他島（Malta）沉船
- 被蛇咬傷
- 被關在羅馬[7]

其他文獻有記錄到保羅還承擔了正面衝突、朋友背叛、很多指控、鞭打、棍打、石刑、囚禁、搶劫，而且不只一次被當作是死掉了。[8] 上述任何一件事情，若在我人生中發生過一次，我整個人就會聚焦在該事件上。我會接受訪談。我會寫成一本書。我會運用技巧去陳述這個問題。我會告訴大家這件事有多糟糕。我會把自己當成受害者，而這是保羅從未選擇去做的事。在這個我們稱之為「受害者情結」的文化裡，保羅肯定是獨樹一幟的。

那我們還在抱怨什麼？看起來好像什麼事、所有事都有人在抱怨。

我們可以選擇

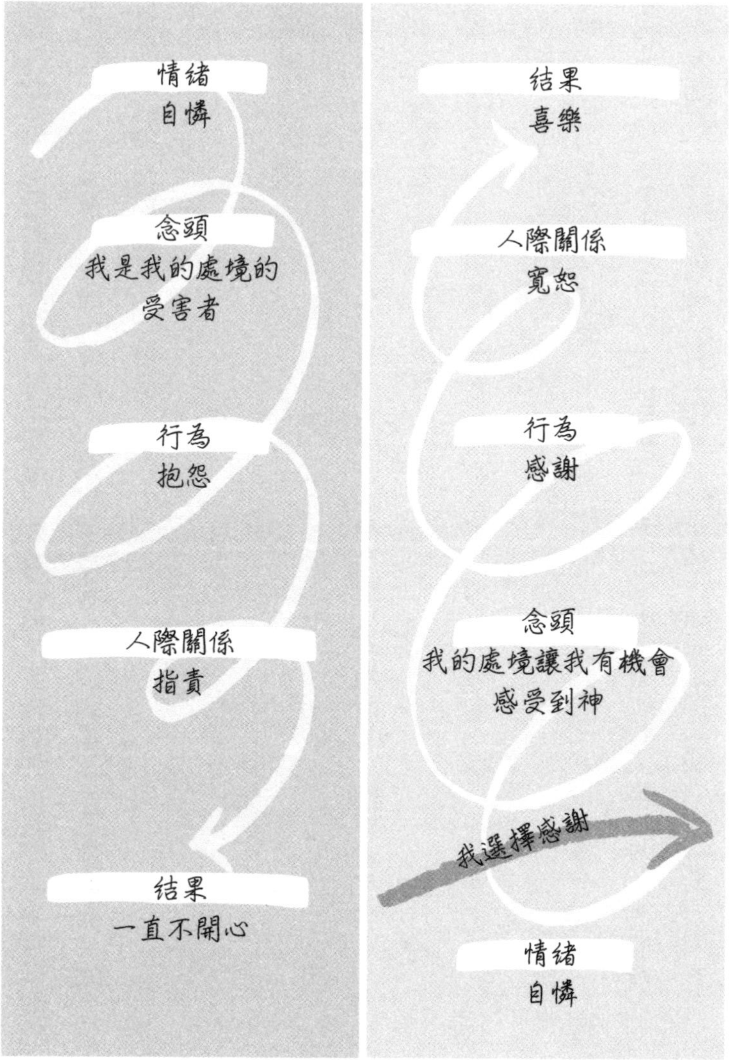

情緒
自憐

念頭
我是我的處境的
受害者

行為
抱怨

人際關係
指責

结果
一直不開心

结果
喜樂

人際關係
寬恕

行為
感謝

念頭
我的處境讓我有機會
感受到神

我選擇感謝

情緒
自憐

相信我，還有一種更好的方式——感謝的方式。

神在《聖經》中已經肯定而清楚地呼召，人要感謝，因為祂知道我們唯有在感謝的土壤中生長，才能學習、成長、豐盛：「要常常喜樂，不住的禱告，凡事謝恩；因為這是神在基督耶穌裡向你們所定的旨意。」[9]

我們不是處境的奴隸

我有沒告訴過妳，我小女兒有閱讀障礙的事？每天我都看著卡羅琳與學習、回家功課、書本和字詞角力。每一天都讓我都心碎。

上個月，我參加一個閱讀障礙的模擬體驗；在那兒的兩個小時，我經歷了我女兒每一天時時刻刻都要面對的困難。實在太累了。

有閱讀障礙的人看字的時候，不只字母順序會亂掉，他眼中的字體也是不完整的（friend看起來像是 fiend、feirnd、fairnd、traned），不僅如此，想閱讀時，那些不完整、順序大亂的字母還會跳來跳去，根本弄不清楚這到底是什麼字了。妳把一本五萬字的書當中的一個字認清楚了，就會覺得自己根本是主場的搖滾巨星了。「朋友！唸做朋

我選擇感謝

友。這個字是朋友（friend），不是惡魔（fiend）！」嘆。還有四萬九千九百九十九個字。

做完那次模擬後，我回到家中，便直奔卡羅琳面前。「我覺得妳太厲害了，」我說。她發愁、奮鬥、苦戰、哭泣，但她從未放棄過。是的，這是她人生中最重要的功課。但這個功課並不代表她的全部。

卡羅琳提醒了我這個被確診有「嚴重注意力缺失症」的過動媽媽，要緊緊抓住一項事實：我們可以觀察自己的痛苦而不受其壓制。我們可以看著痛苦而不受其役使。

拒當處境的奴隸並不是說我們就不為正義而戰了。實際上，《聖經》命令我們透過公正行事而戰，透過為正義吶喊、捍衛被壓迫者而戰。[10]但是在基督裡的戰鬥並不在有危險和暴行的地方，而是在有和解的地方發生。是有沉著信心的。是有和平的。是有愛的。為什麼？因為我們必然勝利。我們已經贏了。

我認為這是一個重要的區別。在妳我所生活的時代中，真正的不公義已被指出、被揭露，有時甚至得以解決、糾正。我喜歡這樣。神喜歡這樣。祂告誡我們把罪惡攤在陽光下，讓世上的罪惡再也起不了作用。打擊種族主義、在教會內外都要大聲反對性虐待和身體虐待，提倡兒童、婦女、少數族群、移民和胎兒的福利——這些理念對耶穌來說是至關重要的。這些對我們來說一定也是至關重要的。

外頭有很多真正的壓迫者。有時，在教會這裡面也是有真正的壓迫者，他們為了一己私利而犧牲他人。我討厭這個現實，但我們卻不能否認這個現實。

無論我們對這些情況有何感受，我們還是有很多事情要做。首先，我們可以更改討論這些事件的語言。我們可以幫助那些受害者永遠脫離枷鎖。

甚至在好萊塢，很多人開始主張用「倖存者」，而非「受害者」來指稱那些曾受虐待的人，我認為這是一個重要的轉變。用他人的過失來定義自己就注定要讓自己軟弱無助了。把我們的力量和喜樂交給犯罪者，只會讓自己繼續受綑綁。

是的，若停頓在痛苦之中，若以所承受的可怕事件來定義自己，這樣也不是不行。然而，若說我有從家人和朋友身上學到一件事，那就是還有一種更好的方法。

昨晚在教會，我朋友塔拉（Tara）站起來講話。她說到她一生中遇過某些人，他們當著她的面說出歧視多族裔的言論、公然攻擊她的身體，而且這些她心知肚明的痛苦年復一年地在重演。這種不可饒恕的行為，有些就發生在以前的禮拜堂那兒，塔拉也因此很少再參與該地教會。「但是我決定做出選擇，」她勇敢說道：「我選擇再信任一次。」

她接著又講到她加入我們教會的故事，包括協助發起一系列族群和解對話，讓不同種族的女性在一起討論如何真正團結起來，做得更好。

我看著塔拉對會眾帶來的衝擊，心裡想問，一個受了這麼多委屈的人怎麼能回過頭來，對著傷害過她的人說：「我想要搭起一座橋與妳連結。我想再試一次看看。」？

塔拉會用一個字回答我的提問：耶穌。

耶穌的道改變了一切。在耶穌裡面，我們可以承認自己的挫折、痛苦和艱難而無需放棄和平與喜樂。在耶穌裡，我們可以改變我們在何處開戰，而無需改變戰鬥的理由。透過耶穌的大能，我們可以向自己和其他人表明，無論情勢有多嚴峻，神都在救贖萬眾。因為對耶穌有感謝，我們便可以在痛苦中看到神的旨意。

塔拉了解，她這一仗是真實的，也確定最終會取得勝利。並且，從充滿感恩的信心之地，她可以伸出雙手、可以信任、可以愛。

在痛苦背後找到神的旨意

我再說一次，我們可以不放棄喜樂，同時正視我們的痛苦；我們可以為正義而戰，但心情平和。因為我們沒有任何動機要求身分認同，因此我們可以安住於自己在耶穌裡面的身分。然後還有這個：當我們勇敢地從受害者心理轉變為感謝之情時，關於「神一直致力於救贖萬眾」這一點，我們將會實證這一份理解。

保羅告訴腓立比人，他很確定發生在他身上的一切都有特定目的。妳可能猜到了，這個目的是傳播福音——關於神的愛與恩典的好消息。

> 弟兄們，我願意你們知道，我所遭遇的事更是叫福音興旺，以致我受的捆鎖在御營全軍和其餘的人中，已經顯明是為基督的緣故。並且那在主裡的弟兄多半因我受的捆鎖就篤信不疑，越發放膽傳神的道，無所懼怕……
>
> 現在我心歡喜，因我知道你們的祈禱與耶穌基督聖靈的幫助才是我的救贖，照著我所切慕、所盼望的，沒有一事叫我羞愧。只要凡事放膽，無論是生是死，總覺基督在我身上照常顯大。因我活著就是基督，我死了就有益處。[11]

保羅選擇了感謝，揚棄受害者心理，一心想要找出在痛苦的背後，神有何目的。所以，他會致力於發揮被監禁時的影響力，讓宮廷衛兵有機會能認識基督。他可以看到，無論是在他生時，或在他死後，無論他平安或受苦，神一直都在前進。保羅傳福音的事工根本就還沒有結束；實際上，才剛剛要開始呢。

但是要看出神的美好意旨，我們必須將目光聚焦在眼前的情況之上。我們必須記住，即使在現在，我們也有選擇：我們可以選擇於所在之處讚美和榮耀神，相信我們所服務的是一位既超凡又永恆的神——這種華麗辭藻是用來說明祂的道是超乎人類理解的[12]——即使是在我們無法看出在那種狀況下，祂如何能為我們帶來什麼好處，在那種最困難的時候，祂還是選擇靠近我們、與我們同在。

我之前提過，在過去的五年中，神對我的計畫也包括我最親愛的朋友，她經歷了可怕的離婚過程和幾次中風、我的小妹如田園詩般的生活被翻轉了、我最大的孩子去上大學，我們全家也多少有點違背意願地離鄉背井。有十八個月的時間，那種理想破滅的程度讓我覺得自己已瀕臨喪失信心或理智了。我絕對同意神的計畫良善且美好。但，或許我所相信的只有過去的良善美好。

此刻，若朋友中風的消息傳來時、若決定必須搬遷時、若疑心大到自己受不了時，我還能選擇感謝神的計畫嗎？

我來告訴妳一個真人真事；他們就是選擇感謝，揚棄受害者情結的例證。曾任美國海軍上尉的迪伊（Dee）去了一次別人代為安排的相親。女方的名字叫若笛（Roddy），兩人一見如故。迪伊和若笛在四十八年的婚姻中是彼此最好的知己和隊友。

迪伊因漸凍症離世三個月後，我認識了若笛。某次女性事工活動中，她很客氣地讓我訪問她；對話的內容仍然在我腦海裡。「有一天早上吃早餐時，我注意到迪伊說話模糊，」若笛告訴三百名坐在她面前的女性說。「我就知道事情不對勁了。」

一個曾經表情生動、朝氣蓬勃、自信積極的大男人，在十二個月內竟變成坐在家裡的坐臥兩用輪椅裡，呆滯、無言、枯瘦的病人。「交談」意味著要用兩根手指握住的筆費力地敲出字母，一次擊鍵只能很慢地敲出一個字母。要在床上滾來滾去是不可能的壯舉。要自己穿衣服嗎？那也沒可能了。「這件事讓我感到高興嗎？」若笛說。「答案是否定的。」

漸凍症的全名是肌萎縮性脊髓側索硬化症，這是一種神經系統疾病，肌肉會逐漸衰弱直到完全沒有體力為止，這個疾病極為罕見，也無法治癒。預期餘命從診斷之日起算只有短短兩到五年。「我們發現迪伊罹患漸凍症後，他多活了兩年半的時間，」若笛說。「然後就走了。」

我問她，依照她所遭受的不幸看來，是否曾在任何時候對神感到生氣。這個概念對她來說實在太陌生了，以至於她好像不太高興我竟然會這麼問。「對神生氣？」她說。「妳知道嗎，我們從來沒有問過一次『為什麼』，非要說的話，我們問的是『為什麼不呢？』」若笛說他們對耶穌的信仰讓他們安心，神為了良善，會需要運用迪伊的疾病，甚至他最終的死亡也用得上。

神已經用了。神會一直運用這些。

在迪伊被診斷出得病時，他和若笛已在我們教會的婚姻事工服務十年。即使後來迪伊被困在輪椅上，也無法出聲表達自己的想法，他還是會出現在事工會議和活動上，全心全意繼續分享他的信仰，在他的文字轉語音模擬器上敲擊著字母：噠噠噠，「耶穌降世了。」噠噠噠，「祂為我們的罪而死。」噠噠噠，「祂再次站起來。」噠噠噠，「然後祂坐在父親的右手邊。」噠噠噠，「只要我有呼吸，」噠噠噠，「我會宣揚這個好消息。」

當若笛與我們的小組交談時，我看著她，欣賞她的穩重和坦率，我意識到神所作良善的工，有部分也與我們大家有關，就在那天晚上，那裡。因為夥伴們都感受到了若笛的重擔，幾乎人人都流下了淚水。「我還是沒有完全接受迪伊已經走了，不會再回來了，」她說。「但是，我確實知道一點：他的死不是結束，而是延續。而我下定決心，要繼續尋找與那份延續有關的事物。」

不求自來的禮物

劉易斯（C. S. Lewis）寫道：「我反對有神的論點是，宇宙竟是如此殘酷與不公。但是，我怎麼有這種公義與不公義的念頭呢？除非對直線已經有一定的概念，否則不會說這條線是歪的。當我說這個宇宙不公不義時，我是把它跟什麼比較呢？」[13]

也許只是巧合，但我所觀察到的是：我認識的人當中最有感謝之情的人也是曾經受苦最大的人。這可不是建議我們出去找罪受，這樣就可以在感謝名人榜上排第一名。

不是建議，而是懇求，是要我們認真思考，要如何回應自己那份無聊、平庸的工作，要如何回應我們一生中最黑暗的時刻。我們不必喜歡自己的處境，但我們可以選擇去找到其中可能帶來的意外大禮。

澤克身陷憂鬱的深淵時，我記得我並不喜歡神的計畫。

當我與妹妹對坐無語時，我知道無論我說什麼都不會減輕她的痛苦，我記得我並不喜歡神的計畫。

當卡羅琳在聖誕節假期的最後一個晚上大哭，因為她就是無法鼓起精神面對翌日繼續帶著閱讀障礙去上學，我記得我並不喜歡神的計畫。

當我親愛的朋友兼同事漢娜（Hannah）因生活中諸多欠缺，常覺得被打敗了——沒有男友，沒有人生導師、沒有閨蜜、連汽車也靠不住——我一點也不喜歡神的計畫。

在破碎的婚姻和破碎的承諾裡，在醫療診斷後的絕望裡，在工作被裁員、在有失母職的愧疚裡，在上有老、下有小、孩子們充滿焦慮的前青春期裡，誰都不會覺得神的計畫特別仁慈。在那些時刻，人生就是殘酷的。

不過。

難道澤克和我不正是因為共度難關而與神更加親密的嗎？

難道凱蒂不是在那些因為黑暗的日子裡跪求神、相信神而長出新能力的嗎？

難道卡羅琳沒有學會接受別人的幫助嗎？因為不接受幫助她就是做不來的。

如果漢娜從未曾感受到生活有欠缺，她如何能嘗到在過去一年中所獲得的祝福實則更為甜美？

回首人生中的艱難時刻，難道看不出它們也為妳我帶來了最深刻的成長嗎？

「就是在患難中也是歡歡喜喜的；」保羅說：「因為知道患難生忍耐，忍耐生老練，老練生盼望；盼望不至於羞恥，因為所賜給我們的聖靈將神的愛澆灌在我們心裡。」[14]

忍耐、老練及聖靈賦予的盼望——這些都是選擇感恩的人會有的標記。

最近的「女士之夜」，我和幾個朋友一起去捏陶。因為我在「圖享」上關注不少陶藝家，我還以為我也會是個很棒的陶藝家！後來嚇我自己一大跳——反正，我不是啦。進去時，我想的是要創造出讓人驚嘆的家居名店風格的手繪花瓶，但最後燒出來的是一個造型不佳、色調混濁的馬克杯。

我告訴某位一起做陶的朋友說我覺得好灰心，也問了她到底為什麼她那麼愛捏陶，有時候做出來的東西真是慘不忍睹啊。「就是這樣啊！」她說。「妳這麼努力，然後把作品放進火中，也不知道成果會怎樣。之後，打開窯、屏住呼吸，真不知道它是已碎成百萬片，還是已變成妳前所未見的美麗器物。」

這兩個結果就真的是僅有的兩個可能，不是嗎？這個道理不僅僅是在陶藝，也適用於我們。當我們走過人生中無可避免的許多火場，浴火之後，我們會以更堅強或是崩潰的姿態面世呢？

天父，請幫助在這裡的我們能夠有智慧去做選擇。願立於火焰中的我們，持續讚頌祢。

我沒有什麼東西可以奉獻。

我值得好好休息一下。

別人可以去做。

有誰什麼時候可以來幫我？

我找不到地方連接電源。

14 奔自己的路程

我選擇——尋求別人的益處

澤克去了外地。今天一早，讓孩子們準備上學時倉促混亂，輪到我慌慌張張的了。庫柏拿起背包，走向大門口，準備好上學去了——兩腳上卻只套著襪子，他就要走出門上車去了，哦，我差點讓他沒穿鞋子就進學校。

我們都要遲到了，哥哥姊姊都緊張死了。請注意，他有好幾雙鞋，但就是找不到他想穿的那雙，結果會害我們大家都遲到啊。

我心想，庫柏，因為你，大家都要遲到了。哥哥姊姊遲到都是你的錯。

我心想，因為你不喜歡眼前這些可穿的鞋子，結果變成大家都遲到，這樣很自私耶。

我心想，你是選在爸爸去了外地的這時候，才來挑三揀四，要跟我唱反調？

雖然，當時的我跌入情緒漩渦，翻滾中感覺自己火力全開，果然一張嘴，我就說出了自己也難以置信的話。「如果你三十秒鐘內不穿好鞋子在車上坐好，」我說：「那你就沒有聖誕節禮物可拿了。」

喘！

我剛才說了什麼啊？

來看看，這個聲明是有瑕疵的，原因有幾個。首先，我知道即使庫柏選好一雙他不想穿的鞋子，他也不能自己穿好鞋、收拾好東西，然後在半分鐘內上車。

其次，也是實際上最糟糕的一點，我剛剛在威脅我親愛的孩子，而且那些話真是荒唐，我自己根本是絕對做不到的啊！

什麼？我打算給其他三個孩子禮物，卻要獨漏庫柏，讓他今年一個禮物都沒有？

最後，庫柏趕著上了車，腳上也穿了鞋，而我終於送他和哥哥姊姊到了學校。哥哥姊姊先下車後，我這可憐的孩子就為他惹出來的亂子道歉，他說：「那，媽，聖誕襪裡的煤塊（譯注：象徵懲罰孩子）——是真的有這種事喔？」

呃。

因為我已練習過本書所介紹的思考模式，所以我早已能駕馭自己的念頭，進而管理情緒和行為。正如今天早上發生的「內爆」所顯示，我做得還不夠好。但是已經有很大的進步了。

我們要多邁出一步、更上一層樓。我們迫切想要從混亂的心意中得到釋放，但釋

放後要做什麼呢？關於自由，我們文化的概念通常是，得到釋放後，就可以去做任何想做的事。反諷的是，經歷過任性而為的時節之後，結果會證明那也是我們最不滿足的時候。我們不是被創造來為自己而活的。

我想起了疑心曾俘虜了我十八個月，自滿又是如何壓垮我天生的熱情。對靈性起了疑心，加上幻滅，奪走了我做服務的動力和想望。沒有投入做服務，我就投入到看太多「網飛」節目、太多社交媒體、太多的糖、太多的悲傷之中。點擊、捲動頁面、狂吃、大哭——洗洗，再來一遍。

而且因為惡魔很狡猾，所以那時的我對這些東西的渴望不斷增強，而我對靈魂和神的熱誠卻減弱了。連雜貨店我都不想去了，更不用說要帶著神的恩典信息到別的國家去。

那時的我所經歷的絲毫不是生活的本來面目。妳我被創造就是要成為神永恆的故事裡那些積極、有目的之參與者。自滿的話，會完全重寫那個劇本的。

自滿的誘惑

自滿是在平庸、在接受現狀、在堅持不改變現狀當中尋求安慰。我們若常有走人、走神、僵化的傾向，那背後的動力就是自滿。如果我們人生的最高目標只是不要破壞現狀，那為什麼不吃掉整個披薩、喝光整瓶酒、嗑完一大桶冰淇淋，連續玩三個小時「糖果傳奇」（Candy Crush），或者一整天都待在床上就好？

驅動我們思考模式的問題不再是「神今天會如何使用我？」「我該如何把耶穌給某人？」相反地，我們會專注在……

我想要什麼？

我需要什麼？

要如何做才能得到我想要、我需要的東西？

我想要做什麼？

什麼會讓我更快樂？

什麼會讓我更舒服？

什麼會讓我更好看？

講什麼話會讓別人覺得我很聰明？

什麼能保護我免於受傷害，或免於承擔全部責任？

什麼會讓我感到滿足？

這才是核心問題，所有其它問題都繞著它轉。

我想不出還有什麼東西，會比去追求安逸更能讓魔鬼滿意的了。全神貫注於享受這個世界時的我們對魔鬼就不會構成威脅。

正如神學家兼榮譽退休教授唐納德．亞瑟．卡森（D. A. Carson）所觀察到的：

人們不會自動往聖潔靠攏。除了因有恩典而驅動的努力以外，人們並不會特別虔誠、祈禱、服從《聖經》、信仰及對主喜悅。我們自然趨於妥協，卻稱之為寬容。我們自動走向不服從，卻稱之為自由。我們逐漸偏向迷信，卻稱之為信仰。我們把無法自我控制的無紀律狀態當寶，稱之為放鬆。我們懶散到不禱告的程度，卻騙自己說這樣是在擺脫拘泥的教條；我們淪落到無神狀態，還說服自己說已經得救。[1]

使徒保羅給了我們真理作為武器，讓我們從覆蓋著絲絨的自滿鎖鍊中鬆綁：「你們要思念上面的事，不要思念地上的事。」[2]為什麼？因為我們身為浸泡在基督裡、並在信仰中成長的人，已經對這個世界的事物死了心。我們的真實生命是與基督緊緊相連的。

我先生總說領導的定義是「主動為他人益處著想」。當我們不再消極，並傾聽周圍的需求時，我們就會看到自己的心意可以專注在神的事物上面。神從不消極。神一直為我們的益處和祂的榮耀作工。

謊言：只要我想要，有什麼不可以。

真相：神放我自由是要我服務他人，而不是縱容自己。

弟兄們！你們蒙召，是要得自由；只是不可將你們的自由當作放縱情欲的機會；總要用愛心互相服事。[3]

我選擇，尋求他人的益處，先於我自己的安逸。

蒙召行動

我想到耶穌曾用以下寓言教導祂的門徒，進而也告訴我們，「腰裡要束上帶，燈也要點著，自己好像僕人等候主人從婚姻的筵席上回來。他來到叩門，就立刻給他開門。」[4]

腰裡要束上帶，準備行動吧！
燈要持續點著！
等著主人回來！

我猜，這種等待應該不同於妳我通常做的那種——盼著送比薩餅的人快點出現。祂接著說的是——這也才是真正的重點：「主人來了，看見僕人警醒，那僕人就有福了。我實在告訴你們：他（主人）必叫他們（僕人）坐席，自己束上帶進前伺候他們。」[5]

瞧瞧，這就是為什麼耶穌這句格言是真理，「施比受更有福。」[6]我們老老實實等候可以服務的機會時，我們過的生活就是在準備回應主人的召喚時，到最後我們其實是得到服務的人。我們的主人其實會照顧到我們的每一個需求。

要選擇服務而不選擇自滿，為何此事關係重大？主動為他人謀益處如何幫助我們轉化負面念頭？對於始終如一在做服務的人來說，會有什麼在等著他呢？

我們應該總是關注自己的問題，還是應該假裝那些問題不存在？如果累了怎麼辦？

我們可以選擇

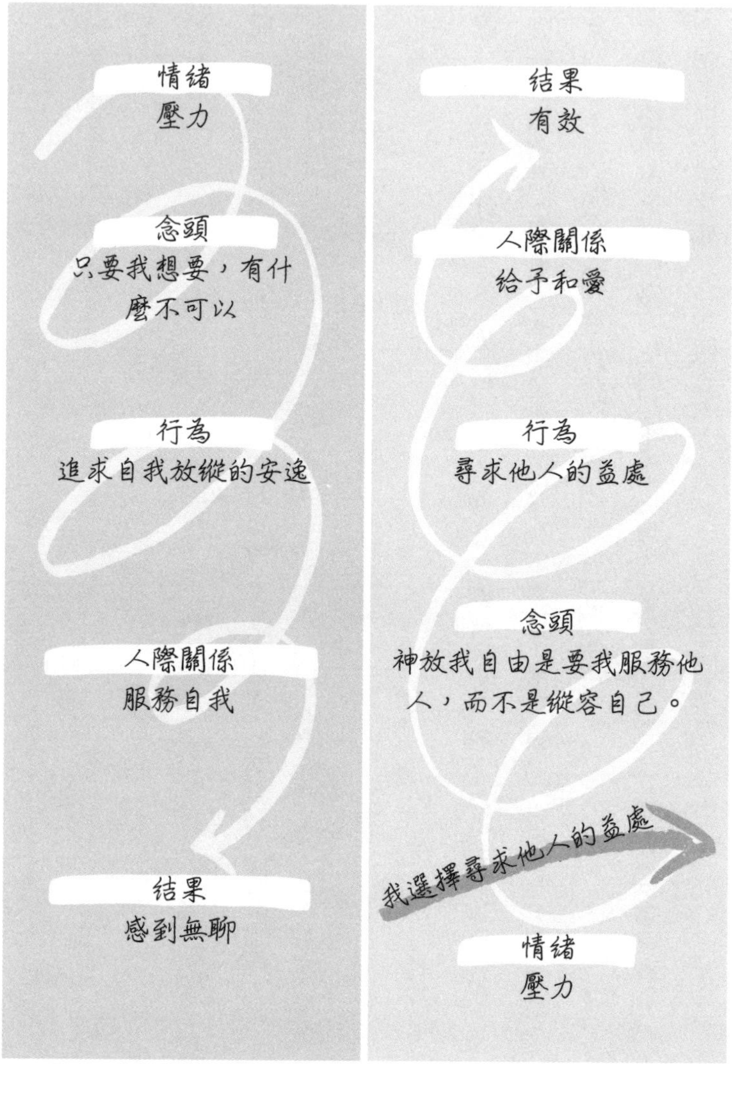

情緒
壓力

念頭
只要我想要，有什麼不可以

行為
追求自我放縱的安逸

人際關係
服務自我

结果
感到無聊

情緒
壓力

我選擇尋求他人的益處

念頭
神放我自由是要我服務他人，而不是縱容自己。

行為
尋求他人的益處

人際關係
給予和愛

结果
有效

如果被壓得喘不過氣來怎麼辦？如果不想好好做怎麼辦？是裝久了就會有那麼一回事，還是說有一條更為真實的道路？

身為基督的追隨者，我們必須為自己回答這些問題，因為我們對工作的信念，可能與神為我們所設計的美好創意是相抵觸的。

神喜愛作工

愛神的人會選擇做服務而非自滿的一個主因是，神高度重視工作。祂喜愛工作，從創世紀以來祂所做的行動即可證明。正如我們在反對悲觀主義那一章所看到的，神顯然對祂的創意工作感到喜悅，把工作當作是一份禮物。祂一時興起，便創造了孔雀，還有長頸鹿、鴨嘴獸等等。祂工作，而且是受純然的喜悅驅動去工作。

告訴妳一個好消息。在祂裡面，我們的工作也可以是喜悅。我們已經成為神所賜的工作的服務員。身為服務員，祂是我們充滿愛心的主人，我們信任祂、尊敬祂。我們為祂的榮耀而工作，而不是為其他任何人。[7]

憑直覺我們知道這是真的。我的意思是，承認吧：邊滑著社交媒體的頁面，邊狂嗑薯片和莎莎醬一兩個小時（或三小時？）是很爽，但是到了某個點，妳不會和我一樣煩躁起來，超想再來點什麼嗎？妳的靈魂難道沒有大聲嚷嚷再多給點什麼嗎？

妳知道靈魂在對我們說些什麼嗎？他們說的是，做這些事根本就幫不了我！

當然，這些事滿足不了妳，因為一旦妳只想著自己，就永遠都不夠。事實是，我們服務他人時，大腦的內建結構自會走向豐盛。儘管我們的潛意識尋求的是「被服務」並滿足自我需求，但研究已經證明，我們以奉獻為目的，而非以拿取為目的時，大腦其實運作得更好。

服務他人可減少大腦中與壓力及威脅相關部位的活動。[8]

有目標的人睡得比較好，壽命也更長。[9]

服務他人會點亮大腦獎勵系統的那一區塊，[10]該區塊可幫助我們辨識，並追求讓我們感到愉悅的事物，例如美味佳餚、與朋友的互相鼓勵或與可信賴的家庭成員擁抱。

妳我都是神所量身訂做，要在祂的永恆故事中扮演某個角色，並體驗當中深遠的目的，而不是要浪費時間吃零食和看影片的。「之所以不停地要」是有原因的，我們真正要的不只是那些。因為不是那些，所以神就讓我們渴望更多。

臣服和順從

那些說自己愛神的人、那些告訴神說「你的意願是我的生命」的人，神對他們有何期待？若無法清楚看到這個期待，就很難把《聖經》讀通。

妳會想知道神對妳的生命有何意圖嗎？我用五個字來告訴妳：

臣服加順從。

就這樣而已！為了找到神的旨意，人們寫了這麼多的書，可是，砰，一句話一目瞭然：「祂又對眾人說：『若有人要跟從我，就當捨己，天天背起他的十字架來跟從我。』」[11]

受限於人性的小格局，我們認為「自由」即「隨自己的意思」。事實上，自由存在於獻出生命去服務神，服務那一位創造了我們、了解我們、歡迎我們與祂交往的神。在完全臣服的狀態下，順從的渴望便在我們裡面升起。

想想看：順服神卻不完全臣服於祂，就只是如機器人般遵循各種規則的一種練習。臣服於神卻不順從祂就等於毫無作為的信仰。就像雅各書（2:17）所說的，信心若沒有行為就是死的。

我選擇「意向性」

不，要活出約翰福音（10:10）中所應許的豐盛，我們必定要有臣服與順從這兩個均等的部分：臣服與順從，順從與臣服。

神說去哪裡我們就去。

神說停留我們就停留。

神輕聲喊我們的名時，我們就傾身去聽。

祂要我們去服務，我們就服務。

妳知道嗎，我們常會去美化耶穌在這世上的事工，就好像耶穌在世的每一刻全都是高潮迭起。是的，在那整整三年之中，確實有很多值得關注的時刻。浮上我心頭的是「五餅二魚」的那一幕場景。

有時候，我們所做的服務會受到關注。有時候會比較公開，大家都會為此而稱讚我們，就好像耶穌所行的許多的奇蹟和治療一樣。

但有時，服務不會被看到。服務存在於一場仁慈的對話，或一份共享的餐點當中。耶穌在這世上的生活，大部分就在一個小房間裡，與一小群人坐在一起，邊用餐，邊談論寬恕和恩典，祂關注受創傷的人，也服務窮人。

沒什麼閃亮亮的。

沒什麼「可愛的」。

沒什麼可以當做晚間頭條新聞的。

就只是在平凡的生活裡，與「那一位」同在，祂不斷地彎下腰來，滿足人們的需求。

所以，我們吃完早餐擦桌子、替那些遭批評的人說些好話、寫感謝信、製作試算表、採取反對不公義行為的立場、泡咖啡，為我們說錯的話道歉、發送電子郵件、擁抱啜泣的青春期女兒、換尿布、聯絡客戶，教學齡前兒童綁鞋帶。我們做所有這些事情，甚至做更多數不清的事——全都是因為神要我們這樣做。

為了神的榮耀，我們製作試算表；為了服務神和親朋好友，我們擦桌子；這樣子，我們就不會有太多的時間擔心自己。

這是臣服的行動。

這是順從的選擇。

這是「忘掉自我」的喜樂。

我們需要擅於遺忘自我。

但是，要忘記大事很難，尤其是「我們的自我」這種頭等大事。

因此，我們要轉移視線。看，我們的人生裡有一個更大的服務計畫，就是這件事。當我們把視線從自我身上移開，把目光聚焦在耶穌身上，並在我們面前的道路上跑起來時，自我漩渦與自滿模式便會被打斷。

妳參與的是什麼路跑賽？妳有跑在跑道上嗎？還是站著不動呢？妳是在盯著自己的腳看嗎？妳在賽場中的哪裡？

不過，讓我再把妳拉得更靠近我些，說給妳聽。當妳開始為神的國冒險，並竭盡所能時，撒旦也會竭盡所能讓妳洩氣。魔鬼樂於讓我們分心，讓我們不再敬拜、不再奔自己的路程，因為他知道我們要實現的目標就是愛著神、全心全意專注在祂身上這種直接的成果。看著耶穌時，妳會因祂的愛而感動，因祂的恩典而感動，也因祂為我們所做的事情而感動，以至於妳會無法壓抑自己。

所以妳會讓更多人認識祂。我們就該這樣活著。

一心一意的服務

希伯來人說：「讓我們放下各樣的重擔，脫去容易纏累我們的罪，存心忍耐，奔那擺在我們前頭的路程，仰望為我們信心創始成終的耶穌。」[12]

我曾經以為上述這段話裡面的三個關鍵要素有線性關係；也就是說，先做一個，接著做下一個，再下一個。我以為（第一個）是我必須擺脫我的犯罪傾向——消極的思考模式、傷人的態度、極其自私的行為——然後，我才能（做第二個），奔我的路程，最後我才能（做第三個）終於得見耶穌，而祂可能會很高興，我把前面兩件事給做完了。

但這根本不是耶穌作工的方式，這就是告訴我，我把經文的意思解釋錯了。

妳可以回想，羅馬書（5:8）說，當我們「還是罪人」之時，「基督為我們而死。」大家都知道，如果要等到纏累我們的每一項罪脫去，那麼，我們的路程就永遠都不用開始了！我們「正在變成主的形狀，榮上加榮，」[13]這是一個刻度一個刻度的轉化進程，並非馬上完成的。因此，這意味著我們開始奔自己的路程時，甚至都還沒能脫去自己的罪。

如果這些要素全部同時發生，那會如何？那會改變我們人生使命的重要性。如果我們是為了奔那路程而生，並且在奔跑時專注看著耶穌，因為那是必須的——我們需要耶穌！——那麼，我們的罪孽和分心便會剝落。避開罪孽並不是耶穌赴死之目的。如果我們專注看著基督前進、失敗、尋求寬恕，然後再次前進，我們會非常想要告解，並處理我們的罪。因為不這樣做，就是在阻撓自己的人生使命。

妳看得出來這種轉變會有多徹底嗎？我們奔跑（為他人服務）時，罪孽和分心就無法控制我們，我們就能夠更容易地、專注地看著基督。

我這樣說好了：如果妳要讓我節食，還叫我三十天都不能吃起士漢堡，那麼妳說，我一連三十天都會在想什麼？

起士漢堡。

我其實也沒那麼喜歡起士漢堡。我是說，起士漢堡好吃啦，但並沒有好吃到讓我想一整天啊。

然而，不給我吃起士漢堡，我就會「想要」起士漢堡。歡迎來到人性的世界。

如果不犯罪的方法是：日復一日，提醒自己不要說謊、不要騙人、不要偷竊、不要去倒第三杯酒、不要隱瞞配偶自己偷偷買了什麼、不要向公司虛報費用、不要在其他人都上床後還偷吃第二份起士蛋糕，如果有這麼多的「不要」，妳可以看看我們會專心想些什麼？

幫助我們前進的東西，比起不讓我們倒退的東西，專注於前者要好得多吧。

「選擇服務」這單純一念讓我們代表耶穌去冒險，讓我們將視線從自己身上移開，並改為能夠看到他人的需求，讓我們採取行動來榮耀神，讓我們愈來愈依賴天父的神聖力量，讓我們更渴望敬拜祂。無限崇拜的時刻促使我們渴望更大的屬靈冒險，讓我們願意承擔另一種風險。

冒險將帶來更多的服務，依賴等等。然後，我就擺脫其中一個漩渦了。

但是，直要到我們選擇奔跑，它才會開始。

直到我們選擇服務。

直到我們選擇，不再優先考慮個人安樂，而是先去滿足他人的需求。

我們服務時，一切都會改變。會變得更好，更快。

我相信，我們為神去冒險、踏出舒適圈、前進到祂召喚我們前往之地時，那份「一心一意」便會出現。奔我們面前的路程吧。我們都需要神，而我們都沒有時間處理自己的罪、行李和負擔，所以每一天，我們都會克盡全力跟隨並服從神，再微不足道的工作，也都會當作重要任務去執行。

我先生的大學足球教練曾經說過：「你可以犯錯。錯誤我們可以修正。但是，你最好付出百分之一百一，賣力去打。不努力，什麼都不會發生。」

朋友，妳我都需要成為一心一意拒絕自滿、且要神多過要世間萬物的人。這種臣服讓我們不再煩惱自己犯錯了，或無法讓自己看起來像周圍的人那樣。

哥林多前書把這一點說得非常清楚。如果妳是手肘，而妳在教會沒有做手肘該做的事，那麼身體就會不舒服。那就會讓妳煩憂！到了某種程度會讓妳瘋掉，應該想一想自己是否在讓基督的整個身體不舒服。

每每有疑心生起，暗示自己做事工可能只是在白費工夫時，我就要看清這一點。這不是我個人而已。我的工作是順從神，而祂的工作是改變生命。

也許妳是極少數已經這樣在活的人。

也許妳已經在奔妳的路程了，甚至也沒注意到無人為妳加油，因為妳的目光正專注看著耶穌，還有需要妳的人們。

但更有可能的是妳其實一直在退縮。認為自己不夠資格，所以就放棄了，並過著自滿的生活。因為沒有人叫我們這樣做，所以我們就不去做神呼召我們做的事情。結果就會錯過機會，沒有參與這個偉大傳奇。

耶穌除了行神蹟，妳有想過祂做的事工有多不講求效果嗎？祂大多數日子裡，就只是與罪人一起吃飯，向人們說些不是完全說得通的故事，還有斥責有影響力的宗教人士。然後，祂遭到殺害那次，看起來真是事工的大失敗！然而，神是有祂的計畫的，耶穌也知道祂的最終目的。因此，祂不在乎周圍的人怎麼看待祂所做的事工，我們也不應該妄加評斷。我們是什麼身分可以去審判神要做的事？我們是誰可以去判斷這對神的國有效與否？

我們在講的是超自然、永恆的生命改變。我們是誰可以評斷自己一點點的貢獻是否有意義？如果我們開始說：「神啊，我今天要照祢所說的去做！什麼都可以。算我一份。」而且，如果我們每個人都這樣做，我深信我們會被生活中和全世界開始發生的事情震撼不已。

奔向十字架

希伯來書第十二章的下半部說：「他因那擺在前面的喜樂，就輕看羞辱，忍受了十字架的苦難，便坐在神寶座的右邊。那忍受罪人這樣頂撞的，你們要思想，免得疲倦灰心。」[14]

耶穌以人類形相降臨，祂把目光投向祂面前的喜樂，與我們永遠同在的喜樂，讓人們與祂和好。祂知道那十字架是通往喜樂的道路，祂也知道自己生命的存在是為了拯救人類。祂肩負著巨大使命：拯救世界。

清空祂自己是使命的一部分。做到聖潔完美是使命的一部分。接受人的形相是使命的一部分。祂做了全部這一切，向我們揭示了神，也向我們揭示了得救的方法。祂不只是在十字架上清空祂自己；祂也用生命訴說：「這就是你們要去活出來的生命！」

常常，我們去找耶穌，要祂拯救我們的靈魂，卻不把耶穌當作如何過生活的榜樣。讓我告訴妳，以這樣心態生活——只專注於一件事、一心一意、以相同的心，把生命活好——會是什麼模樣。

妳會成為僕人。妳會認為別人的利益比妳的更重要。無論神說去做什麼，妳就會去做。

那就是保羅所熟知的：「凡事不可結黨，不可貪圖虛浮的榮耀；只要存心謙卑，各人看別人比自己強。各人不要單顧自己的事，也要顧別人的事。你們當以基督耶穌的心為心。」[15]

《聖經》清楚載明，耶穌「不是要受人的服事，乃是要服事人，並且要捨命，作多人的贖價。」[16]耶穌離開天堂，以嬌弱嬰兒的形體來到人間、遭受不公的指控、在羅馬人的十字架上承受死亡；再也沒有比耶穌祂自己如此謙卑更能彰顯此一真理的了。

出現在耶穌面前的路程包括清空自己、承擔全人類過去、現在和將來的罪，並在墳墓裡度過三天。

不過。

要記得希伯來書第十二章中清楚記載：祂做了所有這些事情，卻從來不曾失去一絲喜樂。「因那擺在前面的喜樂，」第二節詩寫道：「就輕看羞辱，忍受了十字架的苦難，便坐在神寶座的右邊」（新國際版《聖經》）。

耶穌知道祂的路程聚焦在一項艱鉅的使命上。

祂知道這路程將直接引祂上十字架。

但祂也知道：履行神交付祂去完成的使命，這是對祂生命最好的利用，所以祂選擇了這樣。「因那擺在前面的喜樂。」那份喜樂是真實的，對我們來說也是如此。我們在基督裡有前途、有希望。我們得自由，去服務，所以我們的生命會為所有人展示我們已擁有的喜樂，以及即將到來的喜樂。

我想不出還有什麼更好的生活方式。

Part Three

Thinking as Jesus Thinks

效法耶穌的思考

15 你以為你是誰？

今年我家老大上大學了

我就像每個盡心盡力的母親一樣，想辦法要在他離家前最後幾週，把最重要的最後一課塞進他寶貴的心思裡。下面是我最後一次對著坐在副駕駛座上的康納發表的講詞重點：

「兒啊，你是光。因我已在你身上看見神，所以我知道。我看著你從一個只知自己的龐克小子變成了一個對信念有所回應的年輕人，一個傾聽神、回應神的年輕人。你愛人們。你把別人的利益放在自己的前面。所有這些都是神在你裡面的明證。

「所以，你是光。這是事實。這是你身為神的孩子之一，祂所賜予的天賦。

「而現在你就要進入了漆黑的黑暗中。

「有些時候，你會如黑暗般行動，但你永遠不會成為黑暗，也永遠不會再在黑暗中感到自在。」

我希望這些強大的真理能在康納的內心扎根，同樣，我也希望妳我都能如此。因為唯有緊緊抓住這些真理，連同內在的一切，我們才能在這場捍衛自己心意的戰事中，一刻一刻接連獲勝。

妳看，一旦接受耶穌，妳就是一個新造的人。但也正是在這個時間點上，敵人會決意向妳開戰。因此，儘管我們的力量和權威遠在心意、生活，甚至是即將對付我們的黑暗之上，但如果不想被罪惡和黑暗所困，我們就必須全面應戰。

保羅在腓立比書第三章中，為我們投射出這個景象：

「有許多人去走其它的路、選擇其它目標，並試圖讓你跟他們走……他們與基督的十字架為敵……〔他們〕的神就是自己的肚腹……他們所能想到的只有自己的食欲。」但是，對我們來說，生命還有更多。我們是天上的國民！我們正殷切等候從天降臨的救主，就是主耶穌基督。那時，祂要以降服萬物的大能將我們這卑賤的軀體改變成像祂那樣榮耀的身體。一切在祂之下、圍繞著祂的事物，祂以大能讓他們有該有的樣子，祂也會以相同的大能使我們變得美麗而完整。[1]

要改變我們的心意和生命，「知道我們是誰」以及「我們被賦予的力量和權威」就是最大的影響力。

以基督的心意去思考

「及至時候滿足，」加拉太書（4:4-7）提醒我們：

「神就差遣他的兒子，為女子所生，且生在律法以下，要把律法以下的人贖出來，叫我們得著兒子的名分。你們既為兒子，神就差他兒子的靈進入我們的心，呼叫：『阿爸！父！』可見，從此以後，你不是奴僕，乃是兒子了；既是兒子，就靠著神為後嗣。」

我們從罪的奴僕轉而成為神的子女。在到達天堂之前，我們可得想辦法好好用心記住這項驚人的真理。

然而，這是我們一定要記住的，因為是它改變我們的一切。保羅在哥林多前書（2:16）中告訴我們，身為神的子女，我們充滿著聖靈，也擁有基督的心意。問題在於我們是否用以思考耶穌會去思考的念頭。

我們是否天天都能奪回每一個念頭，訓練自己的心意像基督那樣去思考？

本書的第二部分講的就是我們可以做出的許多選擇；這些選擇可以幫助我們把不利於己、自我詆毀的念頭轉變為關於神的真理、關於我們自己的真理。關鍵就在於訓練自己的心意以做出選擇，而這樣的選擇和耶穌所做出的選擇，正是同一位聖靈所賜予的力量。

換句話說……

因為耶穌從人群中隱匿而與祂的父親同在，所以妳可以選擇靜默地與神同在，而不是讓自己分心於外物。

因為耶穌選擇在升天前與十二個人同住，所以妳可以選擇讓人們認識妳，而不是自我孤立。

因為耶穌在走上十字架之前，在祂最深切悲痛的時刻相信著天父，所以妳可以選擇不再懼怕未來，而是相信神。

因為雖然耶穌有充分的理由對破碎的世界感到悲觀，但祂卻不斷地選擇去愛罪人，所以妳可以選擇在神之中，在周圍的人之間得到喜悅。

因為耶穌透過祂的愛，贏得了戰勝罪惡和死亡的榮耀，讓我們「不只是征服者」，所以無論如何，妳都可以選擇感謝。[2]

因為耶穌沒有丟下我們，而是承諾我們聖靈會給予幫助，所以妳可以選擇走出去，做些服務。

因為耶穌選擇了這些事情，所以妳我也可以選擇做同樣的事情。

我高中時代，雖然自然科學方面的課程都有不錯的成績，但我其實不愛。然而，現在我感覺到，如果今天的我回去上那些生物課、化學課、地球科學課，我會愛死它們的。我活得愈久，就愈想知道這一切是如何運作的。我離神越近，就愈著迷於我們的身體與心靈精密複雜的設計。

和我一起研究個一分鐘吧：每個念頭都很重要。*妳在思考的每個念頭都非常重要。*

我這話可不是隨便講的。都是有科學根據的。

從科學上講，*我們思考的每一個念頭都會改變大腦。*容我說明一下。

大腦內部約有八百六十億個神經細胞，稱為神經元。[3]如果要繼續算，這約略占人體三十七兆個細胞之中的百分之零點二。在這為數約八百六十億個神經元當中，每一個神經元內部都有微導管，每個微導管的直徑都比妳一根頭髮的直徑小數千分之一。換句話說，微小到都看不見了。然而，人類眼睛看不見並不會降低它們對人類感受的重大影響。我們如何處理生活，這些微導管*至關重要*。

微導管被稱為「細胞的大腦」，可以比喻作自由構建的樂高玩具。[4]無論如何，我是這樣說的，就像我兒子總把每套玩具所附上的說明書丟在一旁。他比較喜歡坐在一堆一堆的彩色磚塊前面，只靠想像力引導去組裝。

假設現在正在自由建構的人是妳，而妳決定要組裝一棵樹。妳可能會伸手去拿幾塊棕色的磚塊來做樹幹和樹枝，然後再拿幾塊淺綠和深綠的磚塊充當樹葉。假設在組裝過程中，妳改變了主意，想要改建柵欄。好吧，妳還是繼續使用棕色磚塊，但是可能要更改建構的形狀——從樹幹的形狀改成柵欄的長條狀——而且根本不需要綠色磚塊了。如果在構建過程中，發現自己真正想要做的是機器人，那也可以把所有棕色磚塊推到一旁，拿出一把灰色磚塊，然後從頭開始。

在妳的神經元內部，這些微導管不斷地在建構、解構、改造、分離、調節，移動、停止，然後重新開始，以便——聽好了！——符合妳的每一個念頭。[5]

妳所思考的每個念頭，微導管都會努力去提供「心理鷹架」予以支持。根據「鷹架理論」，全部的神經細胞會像「鷹架理論」那樣去形成支持結構，真正改變妳的大腦。

太震驚了吧？給自己一些時間。接下來會好多了。

猜猜微導管需要多久才能建構好鷹架，以支持細胞的結構？從妳一有念頭到鷹架完成，妳猜要多久？

十、分鐘。

我沒有亂講。

從妳一有某個念頭開始，到那個念頭在生理上、科學上都無可爭議地改變了妳的大腦，這樣要花十分鐘。[6]妳一個念頭就會增強某些神經迴路，同時導致其他迴路相繼死去。念頭會喚醒了某些神經元，而讓其他神經元逐漸凋零。念頭會在妳心意的某部分建構一整座微導管城市，而其他部分則淪為廢墟。

這些全部只是因為一個念頭。

其實，我剛剛給妳的這個資訊，有兩種看待的方式。一種是感到恐懼和沮喪：如果我有了一個負面的念頭，我整個大腦在十分鐘之內就會全毀？

我想雖然理論上是這樣講沒錯，但是在陷入絕望漩渦之前，我們來看看另一種可能吧。如果妳習慣有負面的念頭，那麼，也只要十分鐘，就可以有個全新的開始了。

請妳拿出在本書一開始時所製作的「心情故事圖」。如果妳今天把念頭繪製下來，跟以前的會一樣嗎？妳是否注意到自己在想什麼念頭？妳已經能記住自己可以選擇，因而打斷惡念了嗎？妳的漩渦規模和頻率都減少了嗎？

在做出每一項正面的選擇時——例如，選擇安靜而非分心，選擇共同體而非孤立，選擇臣服而非焦慮——我們就是在訓練自己，去使用我們所擁有的基督的心意。我們做出正面選擇的次數愈多，它就會變成更為本能的態度。我們說過，起初透過有意識地、有意地中斷漩渦便有可能帶來轉變。但是隨著練習愈多，這種轉變的可能性會愈高，會變成可預測的，然後會完全成為我們的本能。最終到達的境界是，我們甚至不會意識到自己要打消什麼惡念，要選擇基督的心意去思考，因為這種一時興起的念頭已經深入妳的心了。

我把這比作是在樹林裡開闢出一條路。最初，是從泥土上的足跡、被踏平了的樹葉認出路徑來。但是人們對這條路的需求與日俱增，於是某人便在泥土地鋪上礫石，又有人在礫石上灌水泥，接著還有人會沿路固定間隔放置里程標誌和路燈。最後，那條路如此明確清楚，要走另一條路的話就毫無道理了。那條路就是妳在走的路。那條路與神的聖靈同步。那條路是不斷的臣服之路。那條路是無盡的謙卑之路。那條路是無時無刻，每踏出一步都完全依靠著耶穌的路。

因為在壓力來時，我們會緊張，也會傷到別人，所以很關鍵的一點是，要訓練自己在思考時要選擇這條路。練習的成果在生活中會實際呈現出來的。

我最近在貝勒大學（Baylor University）演講，操場上坐著滿滿的女同學。我至今仍對當時所發生的事情仍倍感震驚。我宣講了保羅在羅馬書（8:1）中所說：「如今，那些在基督耶穌裡的就不定罪了。」既然《聖經》告訴我們，我們是自由的，在耶穌裡面的就不定罪了，那為什麼要讓罪惡來綑綁我們、定義我們，這樣過活呢？

我們為什麼不活得自由自在？我挑戰這些女生，問她們能否把自己正在面對的困難大聲說出來，把她們一直在面對的黑暗地獄攤出來。令我錯愕的是，她們果然開始一個接著一個站了起來。就在校園中，她們站起來，並大聲說出一個又一個生命難題。

就這樣一直持續到所有人都站著。這一幕很美。我讓她們分成小組，並為那些讓她們不得自由的每一件事祈禱，與此同時，我問神，祂接下來想告訴她們什麼。這時，有位同學走到我面前說：「我想妳應該告訴她們這些困難再也不能掌控她們了。」

我遞給她麥克風說：「妳來告訴她們。」

她大喊的聲音傳遍整個操場，傳向遠方：「不誠實再也不能控制我了！不誠實再也不能掌控貝勒大學校園了！」

學生們自發地在講台兩側開始排隊，她們輪流到麥克風前大喊自己犯下的罪，以及這些創傷再也不能掌控她們了。

「自殺再也不能掌控我了！自殺再也不能掌控貝勒大學校園了！」

「色情刊物再也不能掌控我了！色情刊物再也不能掌控貝勒大學校園了！」

這樣的場景我從未見過！她們不僅僅公開丟出最後的百分之二；她們也在拒絕敵人

對她們的掌控。

神可以讓任何地方，任何人有這種突破。

那麼，那個羞恥呢？那個恐懼呢？那個疑心呢？

都再也不能掌控妳了！

都再也不能掌控我們這一代人了！

因此，讓我們訓練心意，好好思考這項真理。

訓練有素的心意

我最近和一位太空人聊天。他不時會上太空，在那兒待著。整個談話過程中我一直驚訝地掉下巴。他的日常現實就是這麼酷。

他名叫炫．金伯羅（Shane Kimbrough），我最喜歡他的一點是他有懼高症。或說他曾經有懼高症。（有人真的治好懼高症嗎？顯然，炫做到了，因為上次執行太空任務時，他放鬆到在發射台上睡著了。我不是在開玩笑哦。他的太空人夥伴不得不推了推他說：「嘿，炫，我們要發射了耶，喂。」）

炫說他一生都在準備太空任務、參與太空任務，或在任務之後進行他所謂的「鬆一下」。我問他太空任務是怎麼一回事，以下是他說的一些趣聞。

快要發射到太空時，你會在火箭助推器附屬的太空艙中的位置上固定好。火箭助推器會在瞬間飛速到每小時一萬七千五百英里，並在八分半鐘之內將你送到外太空。一進入太空，回頭便可看到地球行星這一整個大圓球無比壯麗的全貌。然後，你要連續十天，每天工作十二小時，收集樣本、進行實驗、散步——你知道的，太空漫步。一天結束時，你會回到電話亭大小的隔音睡眠區，把自己在床上固定好，免得一整夜四處漂流。你從窗戶瞥見海洋、陸地、月亮、星星，看著看著，逐漸入睡。

其實，對太空人而言，不只是身體要待在太空中有難度（平均而言，太空人在太空中每待上一個月就會損失約百分之一的骨量），而且對他們的心意來講，也有難度。他們連續好幾天（有時候是好幾個月）與親朋好友分離，過不上正常的地球生活。儘管這份工作有精彩的一面，但他們知道即使自己不在家，家人仍舊繼續生活著。他們會感到孤立。情緒會變得憂鬱陰暗。

炫告訴我他去年有項任務後來延期了，當時他真的必得照顧自己的心意。「我們是九月出發的，預計在二月中旬回家。到了一月下旬，我們的機組人員從『太空航行地面指揮中心』接到發生故障的消息。加上其它種種原因，我們要等到四月才能回地球了。」

這可不是延後一小時吃晚飯啊；炫要晚兩個月回家了。

本來都準備好要回家的。炫的妻兒也都準備好等他回家。全體太空人都渴望回家。可是他們不能回家。

「你到底是如何克服的？」我問他，他回了我幾個字，讓我永生難忘。「我相信自己的訓練。」

炫相信自己的工作、相信他要為人類服務的使命、相信指揮中心會為他的最大利益考量、相信神必如實的供給，所以不管發生什麼，他都能夠奪回那些原本會讓他脫軌的念頭，去思考比較有用處的念頭。

「我花了那麼多年的時間學習做個成功的太空人。」他說。「我相信這是最好的，我打電話給妻子，然後就忙著完成任務去了。」

「我相信自己的訓練，」炫告訴我，這句話有好幾天一直在我耳邊響起。

要停止相信謊言並不容易。我們不能只是坐等我們的心意得到療癒、我們的念頭自行改變。我們要訓練。是因為我們訓練了心意，所以真理會在保衛心意之戰當中取得勝利。

我們日復一日埋首於《聖經》。學習的第二天，可能還無法完全掌握真理，但到了第一百零二天，真理將會在妳的內心和意念當中扎根。

早上一醒來，不是滑手機，而是跪下來，把一切念頭交給耶穌。

我們投資健康的人際關係，並在我們落入漩渦時，自覺自動地去找這些朋友。

我們把選擇做好。每一天。一刻接著一刻。我們訓練自己的心意。出現新的誘惑要我們轉動漩渦時，我們相信自己受過的訓練。

想一想真正的你是誰

我十六歲的女兒凱特吃著壽司，然後抬起頭說：「媽，我的心意在旋轉！我知道該怎麼做，但我需要妳提醒我：耶穌說我是誰？」

我看得出來。她覺得有危險。她感到孤獨。她的心意已經瘋轉一些時候了，但她阻止不了。她需要我出手幫忙，幫她勒住轠繩，放慢腳步。

我眼前這個小女人好棒，令我驚嘆啊，所以雖然她長大了，我一時之間還是把她看作是我的小寶貝，而不是要改變世界的女強人。「妳很聰明！」我說。「妳有熱情。很大方、有創造力、也很可愛……」

「媽，」凱特打斷了我的話。「我不是想知道妳對我的看法。我想知道的是耶穌說了什麼。」

哦。對耶。當然當然。

傳道書說，因為所有其他一切都是捕風。[7]我們的心意不停地轉呀轉，常常在尋求安定時卻緊抓著謊言。各類信息全和在一起，感覺上我們好像再也不能堅定地去實踐「愛耶穌、被耶穌愛」這樣簡單的道理了。

如果妳像凱特一樣，需要有人提醒妳一下「耶穌所說妳是誰」，請容我以雙手捧著妳的臉，再一次告訴妳，祂說的祂是誰，而妳是誰？

出埃及記（3:14）「我是自有永有的。」

啟示錄（22:13）「我是首先的，我是末後的。我是初，我是終。」

約翰前書（1:5）「神就是光，在他毫無黑暗。」

以賽亞書（48:13）「我手立了地的根基，我右手鋪張諸天，我一招呼便都立住。」

耶利米書（1:5）「我未將你造在腹中、我已曉得你。」

約翰福音（15:16）「不是你們揀選了我、是我揀選了你們、並且分派你們去結果子、叫你們的果子常存，使你們奉我的名、無論向父求甚麼、他就賜給你們。」

以賽亞書（43:25）「唯有我，為自己的緣故，塗抹你的過犯，我也不記念你的罪惡。」

約翰福音（1:12）「凡接待他的，就是信他名的人，他就賜他們權柄做神的兒女。」

哥林多前書（3:16）「豈不知你們是神的殿，神的靈住在你們裡頭麼？」

以西結書（36:27）「我必將我的靈放在你們裡面。」

申命記（31:8）「我必不撇下你。」

希伯來書（13:21）「在各樣善事上成全你們，叫你們遵行他的旨意。」

提摩太後書（1:7）「因為神賜給我們、不是膽怯的心、乃是剛強、仁愛、謹守的心。」

馬太福音（16:18）「我要把我的教會建造在這磐石上；陰間的權柄，不能勝過他。」

以賽亞書（66:13）「我就照樣安慰你們。」

約翰福音（14:26）「我要叫你們想起我對你們所說的一切話。」

啟示錄（3:11）「我必快來！」

詩篇（138:8）「耶和華啊，你的慈愛永遠長存」

希伯來書（10:37）「因為還有一點點時候，那要來的就來，並不遲延。」

約翰福音（14:3）「我若去為你們預備了地方，就必再來接你們到我那裡去，我在那裡，叫你們也在那裡。」

詩篇（25:13）「你必承受地土。」

啟示錄（21:3-5）「神要親自與他們同在。……我要擦去他們一切的眼淚；不再有死亡。看哪，我將一切都更新了。」

馬太福音（6:10）「願你的國降臨，願你的旨意行在地上，如同行在天上。」

神已經宣說了關於祂自己，以及妳是誰的這些真理。對於妳，以及愛耶穌的人而言，所有這些話都是真實的。因為妳屬於誰，所以妳就是誰。我們是根據這些真理來做選擇。我們的神不會改變，定會實現祂的諾言。

16 危險思維

我可能從未見過妳

今天，我意識到本書已接近完成階段，便找了許多愛我的人一同祈禱。我可能從未見過妳，可我深切關心妳的自由。希望妳能在我的字裡行間讀出這份初心。雖然我很關切，但我也知道我所謂的自由只能由神、由聖靈、由祂介入妳的生活，這樣子地來成就。

我的朋友潔絲（Jess）沒有參加這個祈禱聚會，也不知道我那天在忙什麼，就給我發了一條簡訊。她不知道我此刻正在寫的那一個章節是在講我們的心意會互相感染，而當我們都順服於基督的心意時，我們也會影響周圍的每個人，大家都能獲得難以形容的、很大的益處。她不知道，我們剛剛祈禱的內容是要讓妳們都得到釋放，完全自由。

她的簡訊附上她爸爸的照片。他是個虔誠的人、很棒的父親、忠實的丈夫。他也是個有濫用毒品問題的人。幾個月前，他在戒治所期滿出監後，竟心懷使命重返他的教會和社區。完成課程訓練後，又回去剛離開的戒治所帶領查經班。

潔絲傳給我的照片裡有六個男人，年齡、種族和興趣都不一樣。他們圍坐在餐桌旁，笑容滿面。

潔絲寫道：「我爸週六早上醒來，想要邀請他戒治所的夥伴們來吃晚餐，就和我媽發出邀請，幾個小時後他們都來了。我們家還不太穩固，但這件事讓我看到了神確實帶來『浴火重生的美』。」

只有神才能把我們最心碎的事情轉化為在燒烤漢堡、馬鈴薯沙拉的餐桌上，這些令人豎起大拇指「比讚」的希望時刻。只有神才能用我們想要隱藏的東西，來寫出我們所能講述的偉大傳奇。只有神才能把我們可能看不起的人，在祂裡面變成朋友、同事、弟兄。

只有神才能。

我們唯一的焦點

除了使徒保羅和耶穌，彼得可能是我在《聖經》中最喜歡的人。我對他喜愛之深，可用兩個簡單的原因說明：首先，他是個激進分子、叛徒，也是個總為了主到處奔走的人，而我覺得我的血液中也有點「耶穌迷」那種狂熱。其次，彼得最為出名的可能是他犯下的錯實在令人難以置信，但這件事我能感同身受。他是有點兒……過度自信。我想到了一件事，他在馬太福音第二十六章告訴耶穌，大意是說，「你說我會不認你是什麼意思？那太荒謬了。」

當然，這是在彼得不認耶穌之前說的，也不是一次或兩次，而是三次。

所以，就是這樣。

但是在《聖經》的其它地方，彼得這個熱情、奉獻、忠實的門徒是耶穌可以安心信賴的。

使徒行傳第二章提醒我們，五旬節那天，彼得站在群眾面前分享真理，引領成千上萬的人跟隨基督，自此教會誕生。

但是，把我的心拉近彼得的心那一幕是紀錄在馬太福音第十四章的文字。在「五餅二魚」的事蹟，總之，就是耶穌用小男孩的一袋午餐餵飽了一大群飢餓的人之後，我們讀到耶穌「隨即催門徒上船，先渡到那邊去，等他叫眾人散開。」[1]接下來發生的是：

「解散人群後，他獨自上山去祈禱。夜晚來臨，他獨自一人在那兒，但此時已離陸地很遠，又因為逆風，所以船被海浪拍來打去。在當晚的第四次守望時，他在海上行走，來到他們面前。但是當門徒們看到他在海上行走時，他們嚇壞了，就說：『有鬼！』他們怕得大哭起來。耶穌立刻對他們說：『放心吧！是我。不要害怕。』

彼得回答他：『主，如果是你，請叫我從水面上走到你那裡去。』耶穌說：『你來罷。』所以，彼得就從船上下去，在水面上走，要到耶穌那裡去。但是當他見風甚大，就害怕，將要沉下去，便喊著說：『主啊，救我。』耶穌趕緊伸手拉住他，說：『你這小信的人哪，為什麼疑惑呢？』他們上了船，風就停了。在船上的人都拜他，說：『你真是神的兒子了。』」[2]

彼得一心看著基督的面容，如幼兒般走過滔滔白浪的浪峰之上，這個畫面我無法不去念想。這個場景其實就是本書第二部分的靈感來源。這個概念是，無論風雨，無視於不確定性與恐懼，當我們的目光專注地看著耶穌時，我們就會在*波浪之上*，而非在波浪之下，繼續前行。

當我們從分心的念頭轉變為一心一意將念頭專注在祂身上時，一切都會改變！

但是，讓彼得飄在水上的並不是他自己的能力或意志力，而是他凝視的對象：耶穌的面容。

敵人千方百計要破壞我們的一心一意。決勝關鍵就在於對基督專注。如果我們總懷想著基督，如果我們把祂拉近放大，滿心都是祂，那麼其他一切就會奇妙地暗淡下來。然而，敵人卻希望妳專注於耶穌以外的任何事物上。

因為我們一心一意的時候，處境就會變得非常危險。彼得就是這樣。彼得在「水上那個功課」和「耶穌升天」之間有點搖擺不定，但是他的人生喀嚓一下完全聚焦於耶穌的時候會到來。他強調自我和焦慮感的漩渦會減弱，他也將完全致力於自己的使命。

那件事發生後，就開始有了教會的存在，成千上萬的人得救並開始追隨耶穌，福音傳遍世界各國，世世代代永遠改變了。

我知道妳可能會想說，珍妮，這太好了，但我只是需要解除焦慮感。我懂。但是，要擺脫焦慮感，有點是要去找到完全不同的理由去生活。當基督是我們的獎賞，而天堂是我們的家時，我們就比較不憂慮，因為我們知道我們的使命、我們的希望、我們的神，是誰也無法從我們這裡奪走的。

新的思考方式

妳知道，這整本書可歸結為以下這句話：讓我們的念頭一心想著基督的心意。這很重要，因為正如我們前面所看到的，念頭決定信念，信念決定行為，行為形成習慣，習慣積累成我們人生總和。要怎麼生活，先要有那種念頭。深思著基督時，我們就在基督的基礎上生活，我們的目光就會定在祂身上，不會動搖。風？什麼風？浪？什麼浪？我們邁開大步。我們前行。我們橫跨大海。監禁？哦，那好。至少守衛會得救。船難？嗯，好。本來船要開往那裡，但顯然，神要我待在這裡而不是那裡。

一種全新的思考方式——這就是我們追求的目標。

我曾經會在凌晨三點醒來，而今這件煩心事已經過去一年多了。雖然我依然經常在半夜醒來，但睡眠中斷已不再讓我充滿驚嚇恐懼了。一點也不會呢！在這些清晨時光，現在的我體驗到的是平靜之類的感受。實際上，在一次真正救贖的事件轉折中，神把我日常中最沮喪、最混亂的部分做了最好的安排。毫不誇張地說，本書大部分內容就是在凌晨三至五點之間，花費好幾個星期、好幾個月的時間寫成的。以神聖的服務取代失眠。這不是很美的一件事嗎？

在黑暗中，我那慣於轉成漩渦的心意，害怕找不到合適的地方停靠。害怕神其實不存在。

害怕自己不安全。

害怕自己沒被看見。

害怕未來的日子。

我學到，那些害怕是騙人的。

我被看見了。我很安全。真的有神。

即使是現在，我在床上打字，我先生就在我身邊沉睡著，電腦屏幕閃爍著，我的手指移動得太慢了，跟不上我如火苗般飛竄的念頭。我在家裡。我再次與神一同在家。祂選擇了我。祂選擇了我，並讓我與眾不同。在黑暗中我並不孤單。

我為人所知。我中選了。

我很安全。

我是神的，祂是我的。

因此，在夜裡，我一而再、再而三做出選擇。我選擇與神交談而不是懷疑祂。我選擇感謝祂所做的一切。無論我的感受是怎樣的，我都選擇順從祂。

這是我的上升漩渦。我很平靜。我非常希望把這個給妳。我希望妳活得自由自在，並把耶穌分享給別人。

你可以扭轉局勢

某日下午我回到家，發現凱特和另一個女孩在廚房。「媽，」她說：「她是瑞秋。她幾個禮拜前才認識耶穌，還沒有自己的《聖經》。我要給她看我《聖經》裡的一些東西。」

她們走進了凱特的臥室，大約有一小時，我聽到她們在釐清《舊約》和《新約》之間、福音和使徒書信之間、大先知書和小先知書之間的區別。那天我曾納悶著，不知這孩子下午會做什麼事情，感謝神，她做的是這些事。在詩篇（3:3）中，作者說神是「叫我抬起頭來的，」我看到瑞秋與凱特一起讀經時，就是這個意象浮上我心頭。我不知道瑞秋的背景或經歷，也不知她此生命定要承受什麼困難。但是看到在那張床上，在她膝蓋上的《聖經》，我看見她眼睛裡充滿了新希望。

我最近聽了一本有聲書，講的是我們心意的力量，作者是這樣說的：

> 當妳選擇不去想負面的念頭，而是用正面的念頭來取代時，妳並不僅僅是在改變自己的現實。妳正在改變全人類的現實。妳增加了這世界上的善念和慈悲。妳正在強化這個全新的現實磁場……妳正在幫助將其轉化為不可抗拒的力量，從而扭轉了歷史潮流。[3]

換句話說，我們所有人的心意是會互相感染的。

一心存乎於耶穌的心意，這件事不能到我們這裡就停下來。這是我為大家所做的祈禱。如果有幾千人讀了這本書並開始轉變，這樣的思維方式就會有感染力，我們就可以看到一個世代的人得到自由。

我相信這是可能的。我會祈禱此事成真。

繼續前進吧，親愛的朋友。「不要效法這個世界，只要心意更新而變化……叫你們察驗何為神的旨意」。[4]

為什麼？為什麼察驗神的旨意如此重要？因為祂不只是要妳自由。祂會為妳提前準備好工作，讓很多人也能得到自由。[5]

當我們拿下每一個念頭、拆穿敵人的謊言、奪回自己的思考模式時，我們就有自由讓其他人自由。願我們都能妥善管理自己的自由。

神啊，我祈禱，祢會放這位讀者自由。敵人正不擇手段要毀滅我們，神啊，可否以祢的大能幫助我們擊退敵人，可否幫助我們記住，在祢之中的我們才有力量做出不同選擇？然後，請幫助我們分享，分享給這個迫切需要新思維和新生活的世界。

奉主耶穌的名，阿們。

致謝

我已經寫了幾本書，而這本是其中最為困難的。或許是因為這是一場我必得親自去打的仗，不僅是要寫出來，還要活出對本書的體會。又或許是因為本書內容很重要，而地獄的魔鬼通通反對。但是，不管原因是什麼，如果神沒有派兵到我生命裡援助我，不僅助我完成祂召喚我去做的事，更重要的是，助我實現祂召喚我去過的生活，我是無法走完這個過程的。

首先要感謝神。只有祢能救我，而祢也為我而戰。謝謝祢讓我不只擺脫罪惡，也擺脫了卡住我、而我卻不曾注意過的壞習慣。我永遠不能忘懷耶穌基督偉大的救贖之血，以及祢來拯救像我一樣不幸的人。

感謝澤克，你是我夢寐以求最好的隊友，沒有你，就不會有這一切：從讓我去上寫作靜修營，而你一肩扛起載送小孩、盯作業、做三餐的大任，到安慰我放下疑慮恐懼，到相信神放在我們生命裡的這一使命。就如你經常說的，到了天堂你就會獲得大大的讚揚。我們都知道這是真的。

我的孩子們，康納、凱特、卡羅琳和庫柏，你們似乎從未討厭過媽媽這份昂貴的召喚。實際上，不僅不討厭，還讚美並擁護我所做的一切。我看著神讓你們從需要我的人成長為每天挑戰我的人。你們都是這世上我最喜歡的人，所以成為你們的媽媽，是我的特別紅利。

可蘿兒・哈美克（Chloe Hamaker），妳信任我遠勝過我信任自己。這對妳來說不是工作；是召喚。因此，我猜想我要感謝神召喚了妳，因為祂知道，沒有妳我無法做事工。妳是我的亞倫（Aaron），扶著我的手，助我執行令人害怕的任務。妳的指紋遍布本書。謝謝妳（常在半夜）幫助我將本書調校成更有用的內容。

賴莎・泰克斯特（Lysa TerKeurst），妳和妳的團隊幫助我相信了本書的訊息！從妳們辦公室走出來那天，我專一心志，確定神會使用這本書來幫助人們。感謝妳抽出時間陪伴我們。

艾斯莉・外斯瑪（Ashley Wiersma），我本來很害怕與別人一同寫作。但是我從生活的其他部分知道，與人合作會讓大家變得更好。我知道與自己的念頭和電腦呆在一起閉門造車，並不是完成本書的最佳方法。感謝妳讓我成為一名更好的作者，也感謝妳耐心看著神建造著祂想要放在這裡面的東西。

羅拉・巴克（Laura Barker），我總說妳應該列名為本書的共同作者，因為妳下了很大的功夫編輯。過程中總是有痛苦，但是妳讓我成為了更好的作者，也讓本書更加清楚和強大。顯然，這對妳而言不只是工作。妳充滿熱情，我很榮幸能與妳合作完成本書。

柯蒂斯（Curtis）、凱倫（Karen）、耶茨 & 耶茨（Yates & Yates），你們主要不是我的經紀人，而是朋友。澤克和我一年一年愈來愈信任你們，並感謝你們。你們在其他人還沒能看出來時，便見到了我生命中出現的上帝之手。你們相信我，全心投入，而我永遠也不會忘懷神賜給我你們這麼好的團隊。

卡洛琳・帕克（Caroline Parker），妳將我們生活中一些最重要的部分結合起來，因此有了這本書的存在。感謝妳為我們家人無休止地服務，並讓我們更加有智慧。感謝妳把我說過的很多話抄寫下來，讓我不必從零開始寫這本書，也感謝妳與我一起研究探討許多想法。妳讓生活和工作都變得更加有趣！

「意福：聚會」團隊（布魯克、喬丹、艾咪、麗莎、阿莉、卡莉、凱蒂、崔喜、漢娜 M、克莉斯汀、凱莉、卡羅琳、摩根、漢娜 R 等等），妳們幫助我活出了本書的精神，在我離開去寫作時，給我鼓勵，為我祈禱。謝謝妳們陪伴我，不斷地讓這些真理更加清楚。感謝妳們願意原諒我，並允許我當一個不完美的領導者。還有，謝謝在我沉浸在寫作中時，繼續維持「意福：聚會」的營運。

感謝我的家庭教會「浮水印」，感謝允許我與大家同坐講授本書內容。我們深入研究保羅及其言行生活時，我學到了很多東西。沒有那六個星期，這本書就不會存在。而我也知道，如果沒有這個團體、授課經驗，以及責任感，我永遠做不到這一切。感謝你們以各種方式支持我。

我很高興，我的親朋好友都了解我所做的，也支持我。教練和娜娜、媽媽和爸爸、艾絲莉和皮特、布魯克和托尼、凱蒂和亞倫，在健康家庭的背景下生活意義最重大。我非常感謝有這樣一個敬畏上帝、全力支持我的家庭。我的新舊朋友、無論親疏，你們都充滿著活力和樂趣，讓我覺得做事工和過生活真的好值得。謝謝你們沒有放棄我。

「溪水」團隊的婷娜、康貝爾、蘿拉 B、金妮雅、喬安娜、貝芙、羅里、馬克、蘿拉 W 和凱莉，你們從第一天開始就相信我，並一直在努力把這一信息傳播得更遠更廣。你們是熱情的人，顯然在為神的榮耀和人們的益處而努力。我不認為與你們同桌共席是理所當然的。感謝你們給我一個座位，並讓我為這項工作懷有更大的夢想。

書目

1

1. 哥林多後書 10:5
2. 羅馬書 12:1–2
3. 阿蒂緹・內盧卡爾等人，〈醫師如何提供壓力諮詢：一項全國性研究的結果〉（暫譯），《美國醫學會內科學雜誌》173，第一期（2013年1月14日）第76頁。
   Aditi Nerurkar et al., "When Physicians Counsel About Stress: Results of a National Study," JAMA Internal Medicine 173, no. 1 (January 14, 2013): 76, https://jamanetwork.com/journals /jamainternalmedicine/fullarticle/1392494.
4. 卡羅琳・莉芙博士，《開啟大腦：達到極致幸福、思考和健康的關鍵》（暫譯）（大急流城，密西根州：貝克，2015年）第33頁。
   Dr. Caroline Leaf, Switch On Your Brain: The Key to Peak Happiness, Thinking, and Health (Grand Rapids, MI: Baker, 2015), 33.
5. 羅馬書 12:2
6. 約翰・歐文，《論信徒犯誡的誘惑與羞愧》（暫譯）（費城：長老會委員會）第154頁。
   John Owen, On Temptation and the Mortification of Sin in Believers (Philadelphia: Presbyterian Board of Publication), 154.
7. 卡羅琳・莉芙博士，《天天開啟大腦：達到極致幸福、思考和健康的365篇小品》（暫譯）（大急流城，密西根州：貝克，2018年）封底。
   Dr. Caroline Leaf, Switch on Your Brain Every Day: 365 Readings for Peak Happiness, Thinking, and Health (Grand Rapids, MI: Baker, 2018), back cover.

2

1. 以弗所書 1:4–5
2. 陶恕，《對上帝的追求》（暫譯）（賓州營山：基督教出版社，1982年）第103頁。
   A. W. Tozer, The Pursuit of God (Camp Hill, PA: Christian Publications, 1982), 103.

3

1. 貝絲・摩爾，《擺脫困境：直接談上帝的拯救》（暫譯）（納什維爾：托馬斯・尼爾森，2007年），第23、49、71頁。
   Beth Moore, Get Out of That Pit: Straight Talk About God's Deliverance (Nashville:

Thomas Nelson, 2007), 23, 49, 71

4

1. 詩篇 139:7–10
2. 詩篇 139:1–2
3. 詩篇 139:5
4. 使徒行傳 9:17–18
5. 哥林多前書 2:14, 16
6. 〈心理健康狀況〉，美國心理疾病聯盟。
   "Mental Health Conditions," National Alliance on Mental Illness, www.nami.org/Learn-More/Mental-Health-Conditions
7. 作者加註

5

1. 羅馬書 8:11
2. 哥林多後書 10:3–6
3. 哥林多後書 10:5–6, 信息本《聖經》
4. 哥林多後書 5:17
5. 丹尼爾．席格，《心腦奇航：從神經科學出發，通往身心整合之旅》心靈工坊 2017。
   Daniel J. Siegel, Mind: A Journey to the Heart of Being Human (New York: W. W. Norton, 2017), 179, 185, 266, www.psychalive.org/dr-daniel-siegel-neuroplasticity
6. 羅馬書 7:22–23
7. 羅馬書 8:6–11
8. 以賽亞書 26:3，新生活版《聖經》

6

1. 拉傑．拉格內森，〈你的內心碎念有多負面？〉(暫譯)《今日心理學》2013年10月10日。
   Raj Raghunathan, "How Negative Is Your 'Mental Chatter'?," Psychology Today, October 10, 2013, www.psychologytoday.com/us /blog/sapient-nature/201310/how-negative-is-your-mental-chatter.
2. 約翰福音 16:33，和合本《聖經》
3. 彼得後書 1:3
4. 哥林多後書 10:6 信息本《聖經》
5. 東尼．博贊（Tony Buzan）將「心智圖」推廣普及。本書的應用練習改編自賽恩娜．阿里（Shainna Ali）的〈心智圖：實現二零一八年目標指導手冊〉

（暫譯），美國諮商協會（ACA）會員部落格，2017年12月6日。
www .counseling.org/news/aca-blogs/aca-member-blogs/aca-member -blogs/2017/12/06/mind-mapping-a-guide-to-achieving-your-goals -in-2018
6. 馬太福音 6:33
7. 馬太福音 22:37–39

7

1. 創世紀 3:6，和合本《聖經》
2. 撒母耳記下 11:2
3. 路加福音 1:38
4. 路加福音 22:42.
5. 箴言 23:7，新欽定版《聖經》
6. 以弗所書 6:12
7. 羅馬書 8:5–6
8. 哥林多後書 11:14
9. 雅各書 1:14–15；約翰福音 10:10
10. 申命記 20:3–4

8

1. 詩篇 46:10
2. 詩篇 139:2，《聖經》新譯本
3. 加拉太書 6:7–9
4. 羅馬書 2:4
5. 詩篇 84:10, 和合本《聖經》
6. 雅各書 4:4–7
7. 雅各書 4:8
8. 芭芭拉．布拉德利．哈格蒂，〈祈禱可以重塑你的大腦，和你的現實〉（暫譯），NPR，2009年5月20日。
Barbara Bradley Hagerty, "Prayer May Reshape Your Brain . . . and Your Reality," NPR, May 20, 2009, www.npr.org/templates/story /story.php?storyId=104310443
9. 薩姆．布萊克，《色情迴路：九十天了解你的大腦、戒斷色情慣性》（暫譯）（奧沃索，密西根：契約之眼，2019）第38頁。
Sam Black, The Porn Circuit: Understand Your Brain and Break Porn Habits in 90 Days (Owosso, MI: Covenant Eyes, 2019), 38, www.covenanteyes com/resources/heres-your-copy-of-the-porn -circuit.
10. 凱瑞．巴爾伯，〈冥想的科學〉（暫譯），《今日心理學》，2001年5月1日。
Cary Barbor, "The Science of Meditation," Psychology Today, May 1, 2001, www. psychologytoday.com/us/articles/200105/the-science -meditation

11.愛麗絲・沃爾頓，〈冥想實際改變大腦的七種方式〉(暫譯)，《富比士雜誌》，2015年2月9日。
Alice G. Walton, "7 Ways Meditation Can Actually Change the Brain," Forbes, February 9, 2015, www.forbes.com/sites/alicegwalton/2015/02/09/7-ways-meditation-can-actually-change-the -brain/#98deead14658
12. 沃爾頓，〈七種方式〉
13.查爾斯・S・史坦利，〈如何以《聖經》冥想。(暫譯)，觸動事工，2015年8月3日。
Charles F. Stanley, "How to Meditate on Scripture," In Touch Ministries, August 3, 2015, www.intouch.org/Read/Blog/how-to-meditate-on-scripture
14.馬太福音 11:28–30
15.加拉太書 5:16–26
16.更多有關「認知重塑」的訊息，請參閱 伊麗莎白・史考特，〈找出視角，改變一切〉(暫譯)，「好好心靈」網站，2019年6月28日。
Elizabeth Scott, "4 Steps to Shift Perspective and Change Everything," Verywell Mind, June 28, 2019, www.verywellmind.com/cognitive-reframing-for-stress -management-3144872
17. 瑞秋・藍丁漢(Rachel Landingham)的詩作。經作者許可使用，感謝。

9

1. 賴瑞・克拉布，《靈魂對話：上帝希望我們說什麼樣的話》(暫譯)(田納西州布倫特伍德: 誠信，2003年)，第138頁。
Larry Crabb, SoulTalk: The Language God Longs for Us to Speak (Brentwood, TN: Integrity, 2003), 138
2. 羅馬書 12:10；羅馬書 12:16；哥林多後書 13:11；加拉太書 5:13；以弗所書 4:32
3. 約翰一書 1:7
4. 馬修・利伯曼，《社交天性：人類行為的起點—為什麼大腦天生愛社交？》(暫譯)(紐約: 王冠，2013)
Matthew D. Lieberman, Social: Why Our Brains Are Wired to Connect (New York: Crown, 2013), 9
5. 麗茲・米勒，《人際關係神經生物學：人際關係對大腦的意義》(暫譯)麗滋・米勒諮商
Liz Miller, "Interpersonal Neurobiology: What Your Relationships Mean to Your Brain," Liz Miller Counseling, https:// lizmillercounseling.com/2017/08/interpersonal-neurobiology -relationships
6. 艾米・班克斯，〈人與人之間有內建連結？ 給父母、教育者、實踐者和大眾的神經生物學基礎概論〉(暫譯)，韋爾斯利婦女中心的訪談，2010年9月15日。

Amy Banks, "Humans Are Hardwired for Connection? Neurobiology 101 for Parents, Educators, Practitioners and the General Public," interview, Wellesley Centers for Women, September 15, 2010,
www.wcwonline.org/2010/humans-are-hardwired-for-connection-neurobiology-101-for-parents-educators-practitioners-and-the-general-public

7. 〈愛的科學：看社交孤立與孤獨如何影響我們的健康〉（暫譯），生活、愛與正念醫學，2017年2月21日。
"The Science of Love: See How Social Isolation and Loneliness Can
Impact Our Health," Living Love Mindfulness Medicine, February 21, 2017, https://livinglovecommunity.com/2017/02/21/science -love-see-social-isolation-loneliness-can-impact-health
8. 腓立比書 2:1–2
9. 歌羅西書 3:12–16
10. 艾米．帕特爾，〈數字的力量：研究指出小組治療成功的因素〉（暫譯），「心理學監視器」雜誌，2012年11月。
Amy Paturel, "Power in Numbers: Research Is Pinpointing the
Factors That Make Group Therapy Successful," Monitor on Psychol-ogy, November 2012, www.apa.org/monitor/2012/11/power
11. 雪萊．泰勒（Shelley E. Taylor）等人，〈女性對壓力的生物行為反應：注意並交朋友，而非打架或逃脫〉（暫譯），《心理學評論》107，第三期（2000）第418頁；康考迪亞大學〈社會融合不良＝健康狀況不佳〉，「發現了請注意！」網站，2015年1月20日。
Shelley E. Taylor et al., "Biobehavioral Responses to Stress in
Females: Tend-and-Befriend, Not Fight-or-Flight," Psychological Review 107, no. 3 (2000): 418; Concordia University, "Poor Social Integration = Poor Health," EurekAlert!, January 20, 2015, www .eurekalert.org/pub_releases/2015-01/cu-psi012015.php
12. 布蘭妮．布朗，《勇於面對：脆弱的勇氣如何改變我們的生活、愛情、當父母與領導方式》（暫譯）（紐約：艾佛利，2012年）第12頁。
Brené Brown, Daring Greatly: How the Courage to Be Vulnerable Transforms the Way We Live, Love, Parent, and Lead (New York: Avery, 2012), 12
13. 以弗所書 5:13–14
14. 詩篇 32:3；箴言 28:13
15. 哥林多前書 11:1，和合本《聖經》
16. 傳道書 4:9–12
17. 路加福音 6:31
18. 雅各書 5:16

10

1. 馬太福音 6:25–34
2. 羅馬書 5:5
3. 以弗所書 3:16
4. 提姆·紐曼，〈西方的焦慮：正在上升嗎？〉（暫譯），《今日醫學要聞》，2018年9月5日。
   Tim Newman, "Anxiety in the West: Is It on the Rise?," Medical News Today, September 5, 2018, www.medicalnewstoday.com /articles/322877.php
5. 路加福音 12:7, 新生活版《聖經》
6. 腓立比書 4:6–8, 和合本《聖經》
7. 唐·約瑟夫·勾衛，〈我們擔心的事情有85%不會發生〉（暫譯），「唐·約瑟夫·勾衛」網站，2015年12月7日。
   Don Joseph Goewey, "85% of What We Worry About Never Happens," Don Joseph Goewey, December 7, 2015, https://donjosephgoewey.com/eighty-five-percent-of-worries-never-happen-2, citing data summarized in Robert L. Leahy, The Worry Cure: Seven Steps to Stop Worry from Stopping You (New York: Three Rivers, 2005), 18–19
8. 約翰福音 8:42–44.
9. 腓立比書 1:21–22, 和合本《聖經》
10. 哥林多後書 12:9，和合本《聖經》
11. 哥林多前書 10:13
12. 希伯來書 13:5–6
13. 詩篇 54:4
14. 詩篇 139:1–2
15. 彼得後書 1:3
16. 約翰一書 3:1–2
17. 加拉太書 1:10
18. 哥林多後書 12:9–11
19. 雅各書 1:17, 和合本《聖經》
20. 彭柯麗，《密室》（更新傳道會出版，1995年）。
    Corrie ten Boom, The Hiding Place (New York: Bantam Books, 1974), 29
21. 彼得前書 5:7
22. 路加福音 12:27–28

11

1. 布蘭妮·布朗，《勇於面對：脆弱的勇氣如何改變我們的生活、愛情、當父母與領導方式》（暫譯）（紐約: 艾佛利，2012年）第124頁。
   Brené Brown, Daring Greatly: How the Courage to Be Vulnerable Transforms the Way We Live, Love, Parent, and Lead (New York: Avery, 2015), 124

2. Paul K. Piff 等人，〈敬畏，小我與親社會行為〉(暫譯)，《人格與社會心理學》雜誌 108，第六期(2015): 883。
Paul K. Piff et al., "Awe, the Small Self, and Prosocial Behavior," Journal of Personality and Social Psychology 108, no. 6 (2015): 883,
www.apa.org/pubs/journals/releases/psp-pspi0000018 .pdf
3. 哥林多後書 3:16–18，信息本《聖經》
4. 羅馬書 8:28，和合本《聖經》
5. 牛津在線英語字典，在 cynic 詞條下方
www.oed.com
6. 腓立比書 4:4–9.
7. 克萊德·基爾比，摘自約翰·派珀的《欣賞與看見：在所有生命中品嘗到神的至上》(暫譯)(科羅拉多泉: 摩特諾瑪，2005年)，第70頁。
Clyde Kilby, quoted in John Piper, Taste and See: Savoring the Supremacy of God in All of Life (Colorado Springs: Multnomah, 2005), 70
8. 還沒有看過這段影片的人，請觀看一下。你會很高興自己看了。「哈維颶風：德州男子在淹水家中彈鋼琴」，英國廣播公司，2017年8月31日。
www.bbc.com/news/av/world-us-canada -41118462/hurricane-harvey-man-plays-piano-in-flooded-texas -home
9. 詩篇 19:1
10. 艾米莉·佩爾·金斯利，《歡迎來到荷蘭》(暫譯)，美國唐氏症協會，1987年，Emily Perl Kingsley, "Welcome to Holland," National Down Syndrome Society, 1987, www.ndss.org/resources/a-parents -perspective
11. 米契爾·凡·艾爾克等人，〈敬畏實驗的相關神經區：感到敬畏時，預設模式網絡活動減少〉(暫譯)，《人腦圖譜》科學期刊，2019年8月15日。
Michiel van Elk et al., "The Neural Correlates of the Awe Experience: Reduced Default Mode Network Activity During Feelings of Awe," Human Brain Mapping, August 15, 2019, https://pure.uva.nl /ws/files/37286954/Elk_et_al_2019_Human_Brain_Mapping.pdf
12. 布魯諾·馬爾斯（Bruno Mars）的〈手榴彈〉(Grenade)，作者：布魯諾•馬爾斯等人，《Doo-Wops & Hooligans》專輯，版權所有©2010，厄勒克特拉娛樂集團（Elektra Entertainment Group）。

12

1. 羅馬書 12:3, 10，和合本《聖經》
2. 慕安德烈（Andrew Murray），《謙卑：聖潔之美》(暫譯）第二版。
Humility: The Beauty of Holiness, 2nd ed
倫敦：詹姆士·尼士貝特（James Nisbet），1896，7、12、13、14、68、95。
3. 慕安德烈，《謙卑》，47

4. 創世紀 3:5
5. 腓立比書 2:5–8，和合本《聖經》
6. 凱瑞・史代克，〈同情與驕傲是互斥的嗎？〉（暫譯）美國戒毒中心公司
Carrie Steckl, "Are Compassion and Pride Mutually Exclusive?"
American Addiction Centers Inc.,
www.mentalhelp.net/blogs/are -compassion-and-pride-mutually-exclusive
7. 腓立比書 3:7–11
8. 馬太福音 16:24；彼得前書 4:13；以弗所書 4:1–3；和合本《聖經》
9. 腓立比書 2:5，和合本《聖經》
10. 腓立比書 2:6–8
11. 詩篇 25:8–9；箴言 11:2；箴言 22:4；馬太福音 6:3–4
12. 哥林多後書 12:9
13. 約翰・B・埃文斯引用哈麗雅特・魯賓的〈成功與過度〉文章。
John B. Evans, quoted in Harriet Rubin, "Success and Excess,"
Fast Company, September 30, 1998, www.fastcompany.com/35583
/success-and-excess
14. 慕安德烈，《謙卑》第47頁。
15. 查爾斯・海登・史保正，《弄清楚工作原理》（暫譯）（佈道，倫敦都城會幕，1868年7月12日），史保正中心。
Charles Haddon Spurgeon, "Working Out What Is Worked In"
(sermon, Metropolitan Tabernacle, London, July 12, 1868), Spurgeon Center, www.spurgeon.org/resource-library/sermons/working -out-what-is-worked-in#flipbook
16. 汀德爾《聖經》字典「謙虛」詞條下方，編者 沃爾特・A・埃爾韋爾與菲力普・W・康福（伊利諾伊州惠頓：汀德爾，2001）第618頁。
Tyndale Bible Dictionary, s.v. "humility," ed. Walter A. Elwell and Philip W. Comfort (Wheaton, IL: Tyndale, 2001), 618.
17. 約翰福音 3:30
18. 慕安德烈，《謙卑》第81頁

13

1. 腓立比書 1:3–6
2. 以賽亞書 41:10
3. 艾力克斯・科布，〈感恩的大腦：感恩的神經科學〉（暫譯），《今日心理學》，2012年11月20日。
Alex Korb, "The Grateful Brain: The Neuroscience of Giving Thanks," Psychology Today, November 20, 2012, www.psychologytoday.com/us/blog/prefrontal-nudity/201211/the-grateful-brain
4. 科布 Korb,〈感恩的大腦：感恩的神經科學〉
5. 艾咪・莫林，《感恩有七種科學證實的好處》（暫譯），《今日心理學》，2015

年4月3日。
Amy Morin, "7 Scientifically Proven Benefits of Gratitude," Psychology Today, April 3, 2015, www.psychologytoday.com/us/blog/what -mentally-strong-people-dont-do/201504/7-scientifically-proven -benefits-gratitude

6. 帖撒羅尼迦前書 5:16–18
7. 使徒行傳 9:23、29；13:50；14:5、19；15:5、39；16:22–23、39；17:5–7、13–14、18；21:27–30；22:24–25；23:33–27:2；27:41–28:1；28:3–5、14–16
8. 哥林多後書 11:24–26；加拉太書 2:11–14；提摩太後書 1:15；4:10
9. 帖撒羅尼迦前書 5:16–18.
10. 彌迦書 6:8；路加福音 18:7；箴言 31:9
11. 腓立比書 1:12–14、18–21
12. 以賽亞書 55:9
13. C. S. 路易斯，〈純粹的基督教〉（暫譯）（紐約：哈潑雜誌，2001年）第38頁。
C. S. Lewis, Mere Christianity (New York: HarperOne, 2001), 38
14. 羅馬書 5:3–5

14

1. 唐納德·亞瑟·卡森，《因為有上帝的愛：日日發現上帝話語中的財寶》（暫譯），第二卷（伊利諾伊州惠頓，1999年），「一月二十三日」
D. A. Carson, For the Love of God: A Daily Companion for Discovering the Riches of God's Word, vol. 2 (Wheaton, IL: Crossway Books, 1999), "January 23"
2. 歌羅西書 3:2
3. 加拉太書 5:13. 和合本《聖經》
4. 路加福音 12:35–36
5. 路加福音 12:37，加註重點。
6. 使徒行傳 20:35
7. 創世紀 1:28；馬太福音 25:14–30；歌羅西書 3:23–24.
8. 克里斯多福·伯格蘭，〈用三種特定方式幫助他人有益大腦健康〉（暫譯），《今日心理學》，2016年2月21日。
Christopher Bergland, "3 Specific Ways That Helping Others Benefits Your Brain," Psychology Today, February 21, 2016, www .psychologytoday.com/us/blog/the-athletes-way/201602/3-specific -ways-helping-others-benefits-your-brain
9. 詹妮思·伍德，〈找到人生目的，一覺到天明〉（暫譯），「精神治療總部」網站，2018年8月8日。
Janice Wood, "Having a Purpose in Life Linked to Better Sleep," Psych Central, August 8, 2018, https://psychcentral.com/news /2017/07/09/having-a-purpose-in-life-linked-to-better-sleep/122940 .html; Kashmira Gander, "People with a Sense of Purpose Live Longer, Study Suggests," Newsweek, May 24, 2019, https://www

.newsweek.com/people-sense-purpose-live-longer-study-suggests -1433771.
10. 伯格蘭，〈用三種特定方式幫助他人有益大腦健康〉
11. 路加福音 9:23 和合本《聖經》
12. 希伯來書 12:1–2 和合本《聖經》
13. 哥林多後書 3:18
14. 希伯來書 12:2–3, 和合本《聖經》
15. 腓立比書 2:3–5
16. 馬可福音 10:45

15

1. 腓立比書 3:18–21，信息本《聖經》
2. 羅馬書 8:37
3. 詹姆士・蘭德森，〈人腦有多少神經元？ 比你想的少幾十億個〉（暫譯），《衛報》，2012年2月28日。
   Randerson, "How Many Neurons Make a Human Brain? Billions Fewer Than We Thought," Guardian, February 28, 2012, www.theguardian.com/science/blog/2012/feb/28/how-many -neurons-human-brain
4. 喬恩・李夫，〈微管是神經元的大腦嗎？〉，「尋找心靈」（暫譯），2015年11月29日。
   Jon Lieff, "Are Microtubules the Brain of the Neuron," Searching for the Mind, November 29, 2015, http://jonlieffmd.com/blog/are -microtubules-the-brain-of-the-neuron
5. 李夫，〈微管是神經元的大腦嗎？〉
6. 約翰・麥柯龍，引用道森・丘奇的著作《基因中的精靈：表觀遺傳醫學與意圖的新生物學》（暫譯）（加州聖羅莎：精英圖書，2007年）第141頁。
   John McCrone, quoted in Dawson Church, The Genie in Your Genes: Epigenetic Medicine and the New Biology of Intention (Santa Rosa, CA: Elite Books, 2007), 141.
7. 傳道書 1:14，和合本《聖經》

16

1. 馬太福音 14:22
2. 馬太福音 14:23–33
3. 道森・邱爾取，〈從心靈到物質的驚人科學：你的大腦如何創造物質實相〉（暫譯），Kindle電子書版本，章節七。
   Dawson Church, Mind to Matter: The Astonishing Science of How Your Brain Creates Material Reality (Carlsbad, CA: Hay, 2018), Kindle edition, chap. 7.
4. 羅馬書 12:2
5. 以弗所書 2:10

和朋友們一起來學習

珍妮．艾倫的「新《聖經》研究」（New Bible Study）。

如果都不學習奪回自己的念頭，我們的生命很有可能就要浪費掉了。

有些時候，我們覺得看起來都還好，這樣就好了，然而內心實則混亂不堪。

因為別人都不知道，所以我們就以為自己過得還行。

珍妮．艾倫在這六堂《聖經》研究課程中，有目的、有意圖地帶領學生深讀〈腓立比書〉，並揭示出一個簡單卻又難懂的真理，亦即我們自己、我們的心意是能以基督之名而轉化的。珍妮直面我們當前的文化困境，同時提出《聖經》中有效且值得信賴的答案，可以由內而外引發真正的轉變。

用神的話語（真理）取代有害的的思維模式時，你便得到自由，也幫助他人得到自由。你的念頭可以改變世界。

作者網站：

JENNIEALLEN.COM

不再假裝。
不再表演。
不再為證明自己而戰
耶穌救你，不是要讓你更加努力。
不是要讓你更加擔心。
不是要讓你掙扎才能豐足。
祂來了，你就能擁有生命，豐盛的生命。
珍妮．艾倫在《無需證明》（Nothing to Prove）一書中，給我們在神豐足的恩典中享受從容的自由自在。
聽珍妮的播客：
Made for this with Jennie Allen
意福：聚會
意福：聚會的宗旨是為女性提供以福音為主的資源、活動和團體，讓她們可以了解神是誰，並可在她們的所在地訓練其他女性。

想了解更多？

可在我們的網站填寫電子郵件通知：

ifgathering.com

國家圖書館出版品預行編目資料

放掉頭腦吧！你就是你的念頭——跳出惡念，奪回你每一個念頭！／珍妮・艾倫（Jennie Allen）作；江信慧翻譯 -- 初版 -- 臺北市：商周出版：家庭傳媒城邦分公司發行，2020.12
面；　公分
譯自：Get out of your head : stopping the spiral of toxic thoughts
ISBN 978-986-477-948-2（平裝）

1.基督徒 2.生活指導 3.靈修

244.9　　109016454

放掉頭腦吧！
你就是你的念頭——跳出惡念，奪回你每一個念頭！
GET OUT OF YOUR HEAD
STOPPING THE SPIRAL OF TOXIC THOUGHTS

作　　者／珍妮・艾倫（Jennie Allen）
譯　　者／江信慧
責任編輯／賴曉玲

版　　權／黃淑敏、翁靜如、吳亭儀
行銷業務／周佑潔、王瑜、華華
總 編 輯／徐藍萍
總 經 理／彭之琬
事業群總經理／黃淑貞
發 行 人／何飛鵬
法律顧問／元禾法律事務所 王子文律師
出　　版／商周出版
台北市 104 民生東路二段 141 號 9 樓
電話：(02) 25007008　傳真：(02)25007759
E-mail：bwp.service@cite.com.tw
發　　行／英屬蓋曼群島商家庭傳媒股份有限公司城邦分公司
台北市中山區民生東路二段 141 號 2 樓
書虫客服服務專線：(02)25007718；(02)25007719
服務時間：週一至週五上午 09:30-12:00；下午 13:30-17:00
24 小時傳眞專線：(02)25001990；(02)25001991
劃撥帳號：19863813；戶名：書虫股份有限公司
讀者服務信箱：service@readingclub.com.tw
城邦讀書花園：www.cite.com.tw
香港發行所／城邦（香港）出版集團有限公司
香港灣仔駱克道 193 號東超商業中心 1 樓
E-mail：hkcite@biznetvigator.com
電話：(852) 25086231 傳眞：(852) 25789337
馬新發行所／城邦（馬新）出版集團【Cite (M) Sdn. Bhd.】
41, Jalan Radin Anum, Bandar Baru Sri Petaling,
57000 Kuala Lumpur, Malaysia.
Tel: (603) 90578822　Fax: (603) 90576622
Email: cite@cite.com.my

封面&內頁設計／張福海
排　　版／極翔企業有限公司
印　　刷／卡樂製版印刷事業有限公司
經 銷 商／聯合發行股份有限公司
電話：(02) 2917-8022　Fax: (02) 2911-0053
地址：新北市 231 新店區寶橋路 235 巷 6 弄 6 號 2 樓

■ 2020 年 12 月 22 日初版
定價 400 元

Printed in Taiwan

城邦讀書花園
www.cite.com.tw

 ISBN 978-986-477-948-2